Confessions d'un caïd

Éditions du Moment
15, rue Condorcet
75009 Paris
www.editionsdumoment.com

Jean-Pierre Hernandez
avec
François Mattei

Confessions d'un caïd

Préface de Lucien Aimé-Blanc

LES ÉDITIONS DU MOMENT

De François Mattei

Le Code Biya, Balland, 2009.

Gipsy Kings... parce que nous sommes gitans, Filipacchi, 1990.

Pour mon père.

F. M.

PRÉFACE

Jean-Pierre Melville dans *Le Cercle rouge* fait dire au commissaire Mattei, incarné par Bourvil : « *Les policiers ne sont pas des sorciers. Pour faire progresser une enquête, on ne peut le faire qu'à partir d'un fil à tirer. Mais, en vérité, il n'y a pas de police sans informateurs.* »

Ce théorème s'est vérifié de manière intangible tout au long des années 1970 et 1990, la grande époque du grand banditisme français : les connaissances que la Police judiciaire peut avoir sur les réalités de cette société secrète, véritable avatar de la nôtre, resteront marginales. D'autant plus qu'elle est alors confrontée à des difficultés techniques, aujourd'hui résolues. Les écoutes téléphoniques, par exemple, sont limitées dans le temps et dans l'espace.

Les décisions des instances judiciaires, bien qu'ayant force de loi, resteront en général également soumises à ce principe d'incertitude.

Pendant ces années de plomb, la fine fleur de la pègre française (Corses, Marseillais, Parisiens, ou juifs originaires d'Afrique du Nord, associés aux mafias italiennes) se précipite sur Nice pour y faire main basse sur une ville appelée à devenir avec ses casinos un véritable Las Vegas français.

Un long chapitre s'ouvre, que l'on pourrait intituler « *Mourir pour Nice* ». Une ville qui en fait va se transformer en Chicago. Règlements de comptes sanglants, magouilles diverses, financières, immobilières, politiques, tous les ingrédients s'agglomèrent à partir du casino Ruhl, tenu par un personnage haut en couleur, Jean-Dominique Fratoni.

C'est dans ce contexte de « *guerre des gangs* » que va disparaître l'une des héritières de la PDG du Palais de la Méditerranée, Agnès Le Roux, dont le cadavre ne sera jamais retrouvé. Le susdit casino, prestigieux et situé sur la Promenade des Anglais, est le principal concurrent du Ruhl, pris en main par les gangsters marseillais.

La Police judiciaire locale est dépassée. Elle compte les coups, impuissante à assainir la situation. Le combat cessera faute de combattants, après plusieurs années d'affrontements.

Coauteur de ce livre, Jean-Pierre Hernandez n'est pas un spectateur, c'est un acteur de cette période, qui a tout vécu « *de l'intérieur* ». Ses révélations, certes tardives – et on le comprend –, recueillies, contrôlées, complétées et mises en forme par François Mattei, apportent une lumière nouvelle sur les actes de banditisme de ce temps-là, dont beaucoup n'ont pas été totalement élucidés.

Sa contribution « *historique* » à des événements qui ont secoué la Côte d'Azur ravira le lecteur averti. Les autres seront plongés dans un polar vrai où la réalité dépasse la fiction. Certaines zones d'ombre sur la disparition d'Agnès Le Roux disparaîtront-elles ? Pourquoi pas… mais ce n'est pas à moi d'en juger !

Lucien Aimé-Blanc
Ancien chef de l'OCRB,
Office de répression du banditisme, de 1977 à 1982.

PRÉAMBULE

Il n'y a dans ce livre aucune prétention à présenter une image panoramique du Milieu des années 1950 aux années 1990. D'autres se chargent régulièrement d'entreprendre cet exercice très périlleux.

Il ne s'agit ici que du récit autobiographique d'un gangster, mis en lumière par un journaliste.

L'univers criminel n'est pas réductible, comme d'autres, à des faits et des acteurs que l'on peut tenir pour fiables. Tout y est incertain, et les seuls enregistrements écrits – très incomplets – sont l'apanage de la police et de la justice, qui en sont juges et parties. Les gens du Milieu ne tiennent pas de carnet de bord de leurs activités, et on désespère de découvrir le journal intime d'un parrain… La culture des voyous, leur mode de transmission, c'est la parole : l'oral, traître, et volatil.

Sur les mœurs du Milieu, la French Connection, les trafics de passeports et de fausse monnaie, le casse du CCF de Cannes par les égouts, ou la « guerre des casinos », j'ai laissé à Jean-Pierre Hernandez, dit le Gros Pierrot, l'initiative et la responsabilité de ses confidences et de ses souvenirs.

Je n'ai pas voulu transposer à la troisième personne le récit des affaires qui n'appartiennent qu'à lui et à ceux avec qui il les a vécues. Ni plaquer ma voix sur la sienne en rédigeant un texte à la première personne qui aurait été fatalement imprégné de ma propre subjectivité. Cela pour nous laisser, lui et moi, chacun à sa place, chacun dans son rôle. Dans le souci d'éviter toute interprétation abusive, et de verser dans une approche trop pittoresque ou dans un lyrisme facile, défauts trop courants dans ce type de document. Le livre est donc rédigé à deux voix, comme deux brins liés l'un à l'autre pour ne former qu'un seul fil, la voix de Jean-Pierre Hernandez étant matérialisée par une présentation spécifique.

Quitte parfois à le laisser s'exprimer au travers des coquetteries et clichés inhérents au Milieu, sans les omettre ou les corriger.

Si j'ai connu beaucoup de gens du Milieu, et parlé librement avec eux de nombreux sujets, je ne suis pas devenu pour autant un « *spécialiste* » dans un domaine où seuls les voyous et les flics peuvent prétendre revendiquer cette qualité. Le cave que je suis est interdit d'accès et de séjour à l'épicentre de cette galaxie.

François Marcantoni, célébrité du Milieu de l'après-guerre, que je connaissais depuis 1969, m'avait éclairé sur certains épisodes passés de sa propre vie, et sur quelques mystères du monde des truands. Il était une encyclopédie dans ce domaine, et il me parlait beaucoup. Sans jamais me dire l'essentiel, bien évidemment. Son entregent et son goût de la vie en société, son don pour les relations publiques en faisaient un personnage de la vie parisienne que tout le monde aimait bien fréquenter. Il est mort en croyant, et en disant autour de lui, qu'il venait d'obtenir la Légion d'honneur. D'aucuns en arrivaient à penser qu'il se livrait sans masque, ce qui le réjouissait énormément. Au-delà de ce rôle, qu'il jouait à merveille, et qui le distrayait de son ennui, il était, en privé, un homme chargé de secrets, au regard intelligent et lucide. Pendant ses vingt dernières années, il forma un couple improbable et cependant réel avec Odette, une petite femme très honnête et très énergique qui prit soin de lui en restant toujours à l'écart du monde interlope qu'il continuait de fréquenter. Il lui en était très reconnaissant, avouant parfois qu'il n'avait pas mérité pareille chance : le repos du vieux guerrier. Il m'a fait connaître beaucoup de pointures des années d'après-guerre, comme Francis Vanverberghe, le Belge, dans un no man's land où personne ne cherchait quoi que ce soit de particulier, hors l'occasion, rare pour un journaliste et un truand, d'une rencontre sans enjeu autour d'un verre.

J'ai par ailleurs aussi bien interviewé François Besse dans la prison de Carabanchel, à Madrid, que connu à Paris ou dans le sud de la France quelques « *beaux mecs* », qui n'ont plus envie que leur nom apparaisse.

Dans un tout autre registre, les polémiques autour d'Henri Charrière sur l'authenticité de son livre *Papillon*, best-seller mondial paru en 1969, m'ont enseigné que les retours dans le passé sont souvent sujets à caution. J'ai côtoyé Henri Charrière pendant deux ans dans le sud de l'Espagne, à Fuengirola, où il résidait, et il m'a été donné de voir d'anciens gardiens du bagne, et d'anciens bagnards, frapper à sa porte pour des retrouvailles ou d'orageuses mises au point.

Trois interviews de Jean-Dominique Fratoni, le patron du casino Ruhl de Nice, m'ont permis de le rencontrer en Suisse, où il s'était réfugié après ses inculpations en France, en Slovénie, où il avait des projets de complexe touristique, et en Catalogne où il séjourna un temps. Il ne se lassait pas de feuilleter devant moi d'énormes dossiers contenant, selon lui, toutes les preuves de son innocence, ainsi que du complot ourdi par les giscardiens contre son ami Jacques Médecin, et contre lui par ses concurrents directs : Lucien Barrière, des casinos du même nom, et Renée Le Roux, qu'il affectait de traiter comme une incompétente, prête à tout pour le détruire. Rêvant à haute voix de revanche, il mettait en avant ses propres alliances politiques, mais il sembla à un moment que son amitié gênait plus ses meilleurs soutiens qu'elle ne les flattait. Le maire de Nice, Jacques Médecin, ce copain d'enfance qui avait aidé au développement de ses projets, me confia un jour, agacé : « *Vous savez, c'est surtout lui qui dit être mon ami...* »

Ces expériences m'ont appris la relativité et la fragilité des informations émanant du monde du crime organisé aussi bien que de ceux qui sont chargés de le combattre. Cela s'apparente à une guerre entre services secrets, aggravée par des dissensions internes dans chaque camp – rivalités entre policiers, ou entre gangsters. Tous les coups sont permis, et toutes les intox. Elles sont dans ces corporations un élément fondamental de la survie de l'espèce. Du « *broumich* », comme disait mon père dans mon enfance : de la mie de pain frais imprégnée de fromage, jetée à l'eau pour attirer les poissons qu'on veut pêcher à la ligne. Les journalistes figurent parmi les premières victimes de cette intox, qu'on leur vend comme de l'information. Si la police est nourrie par les indics, les journalistes le sont par des informateurs. Pour évoquer ces sources occultes, il est convenu d'employer des formulations plus nobles, telles que : « *après une longue enquête, etc.* ». Les journalistes se transforment ainsi, parfois, sans le savoir, en auxiliaires de justice, ou en porte-voix du Milieu. La police fait son métier, et manipule. Et que dire des avocats ! Moins rationnels, les voyous racontent leur royaume pour la frime, ou pour se dédouaner, et ce n'est pas la carte du Tendre : dans les interminables et sanglantes salades qui constituent l'essentiel de leurs rapports humains, le mythomane, l'enfoiré, l'enfer, c'est toujours l'autre et celui qu'on tue peut être un ami d'hier. Le truand le plus retors a ses côtés fleur bleue quand il s'attendrit, presque la larme à l'œil, sur un ami disparu, un bon garçon au palmarès criminel chargé. Le pittoresque est la ruse ultime du voyou : pour faire oublier ses délits il sait s'inventer un personnage. L'accent méridional est souvent l'un de ses atouts maîtres. Au point qu'on peut le confondre avec sa projection cinématographique. Les truands, comme souvent les auteurs qui content leurs exploits, enjolivent l'indicible et alimentent la légende. Ce qui n'exclut pas de rencontrer chez certains un grand courage physique, un vrai sens de l'amitié, parfois même un panache indiscutable.

L'instrument de mesure pour jauger la crédibilité d'une parole de voyou n'existe pas. Comment détecter les mauvaises langues, démasquer les mythomanes ?

Avant de livrer le témoignage de Jean-Pierre Hernandez, sur lequel j'avais quelques possibilités de « *contrôle qualité* » grâce à certaines relations, je l'ai tout simplement confronté, quand c'était encore possible, à des témoins directs, voire à des acteurs, de la plupart des histoires qu'il me racontait.

Des voyous, des policiers, des avocats. Mon petit « *collège d'experts* »… Ils m'ont permis des recoupements sérieux.

Hernandez a réussi ce qui n'était pas un examen, mais une étape nécessaire. Une épreuve de confiance réciproque aussi. Pourquoi cette précaution ? Parce qu'il n'apparaît nulle part dans la littérature consacrée au Milieu. Il s'est tenu dans l'ombre, et n'est référencé qu'en interne, par ceux qui l'ont poursuivi. Il y a tant d'usurpateurs et d'affabulateurs qu'il fallait retourner aux sources pour vérifier. Hernandez a effectivement « *un papier* » (un dossier) aussi mauvais qu'il le prétend dans les archives de la Police judiciaire. Mes experts l'ont certifié conforme et d'époque. Mais on n'est jamais assez sûr… La crédibilité de Pierrot étant acquise, c'est son honnêteté intellectuelle qui m'a convaincu de livrer ici son témoignage. Il n'a jamais tenté de gommer son indifférence pour la morale. Il ne s'est pas cherché d'autre alibi que son goût pour le vol et l'illégalité, assumant la violence qui en est la conséquence, et sa relative insensibilité aux victimes de ses agissements, qui est la marque des voyous. Même si son récit est peuplé d'une majorité de fantômes, ceux du cercle des voyous disparus, toujours grandissant. Dernier en date, François Marcantoni, décédé dans son sommeil à l'hôpital militaire du Val-de-Grâce, à Paris, que nous avons vu ensemble deux fois à son domicile de la place du Général-Koenig, porte des Ternes, dans le XVIIe arrondissement. Le vieux François ne lira pas ce livre, mais il avait accordé en quelque sorte à

Pierrot, son cadet, un visa de sortie, et son « *bon à tirer* ». Le plus ancien gangster de Paris devait sa notoriété à l'affaire Markovic : il fut un temps soupçonné d'avoir assassiné le garde du corps yougoslave d'Alain Delon. Ce crime fit trembler la France jusqu'à son sommet de 1968 à 1970, par le montage politique que certains gaullistes en firent pour impliquer Georges Pompidou, et tenter de lui barrer la route de l'Élysée. Marcantoni était un expert en matière de secret : mais qui a donc tué Stefan Markovic ? se demande-t-on encore, quarante ans après…

Grâce à Jean-Pierre Hernandez qui les a vécues de l'intérieur, la French Connection ou la dernière grande affaire de fausse monnaie de l'ère du franc apparaissent sous un éclairage neuf, et surprenant. On verra aussi se dénouer quelques affaires non élucidées par la police : la disparition de milliers de passeports de l'Imprimerie nationale de Douai, les négociations en Europe et au Moyen-Orient autour d'une certaine valise d'uranium enrichi, les méthodes jusque-là secrètes des braqueurs de banques et pilleurs de coffres des années 1970 et 1980, les coulisses des règlements de comptes en série des années 1970. Quant à la « *guerre des casinos* », qui fut le grand séisme de ces années-là sur la Côte d'Azur, avec des ondes de choc jusqu'à Marseille et Paris, il se vérifie ici qu'elle est bien le prisme sans lequel beaucoup d'événements de cette époque ne peuvent être reliés entre eux, et compris. On saura, entre autres, par la bouche de Jean-Pierre Hernandez, quel fut, selon lui, l'épilogue d'une autre grande énigme criminelle de ces dernières années : la disparition d'Agnès Le Roux, héritière du Palais de la Méditerranée, à Nice, pendant le week-end de la Toussaint 1977.

François Mattei

I

AMIS ET ENNEMIS

On peut dire que, avec seulement cinq années et six mois passés derrière les barreaux, Jean-Pierre Hernandez, alias le gros Pierrot, s'en est plutôt bien tiré. Soixante-quinze ans passés, toujours vivant. Il en est le premier surpris. Il a fui cette célébrité douteuse qui rend les voyous vulnérables, et précipite leur fin. Il a toujours soigneusement évité d'apparaître comme une figure du Milieu. Il a pourtant fait partie depuis sa jeunesse, et pendant toutes les années 1960 à 1990, de la corporation du grand banditisme. Les caïds, les seigneurs, étaient ses amis, ou ses partenaires. À Toulon, Jean-Louis Fargette, alias Savonnette, un fils de militaire natif de La Valette, dans le Var. À Marseille, Gaëtan Zampa, fils de truand napolitain, dit Tany, ou le Grand, fut son boss. Gaby (Milton) Regazzi, la tête pensante de Tany Zampa, fut son mentor, son « *professeur* ». Serge Monge, et plus encore son fils Marc Monge (le Blond ou le Boiteux), Gérard Vigier, ou encore Serge Leynaud, le patron du milieu nîmois, furent ses amis, ses complices. Il eut des relations d'affaires avec Urbain Giaume, à Nice, Marcel le Bègue, Henry Salvat à Toulouse, Jean-Pierre Le Pape et Dédé Gau, les rois de la banlieue Sud, à Paris, et aussi avec les frères Filippi, Jeannot et Pierre… Avec Francis Vanverberghe – un enfant du quartier de la Belle-de-Mai à Marseille (surnommé le Belge à cause de son père, un menuisier originaire de Croix, dans les Flandres françaises, alors que sa mère, Herminia Gomez, était une pied-noir espagnole) – il réussit même à entretenir des relations pacifiques, en dépit des conflits sanglants avec le clan Zampa, dont Pierrot était un membre éminent. Jeannot Augé, du gang des Lyonnais, fut aussi de ses fréquentations. Le seul qu'il n'a jamais eu l'occasion de rencontrer, c'est Jacky Imbert, le Mat, l'autre parrain de Marseille, sans doute entré dans le cercle de Tany Zampa après que Pierrot s'est « *mis en cavale* »… Le Mat (le fou), ou le Matou, autre fils de la classe ouvrière, né à Toulouse, où son père est OS dans l'industrie aéronautique. Le seul encore vivant.

Autant de chefs de clans, de bandes armées qui finirent par en découdre entre elles, ou par s'allier contre tel ou tel, dans le désordre et la fureur de la conquête et du monopole des marchés auxquels ils s'intéressaient tous : prostitution, racket, machines à sous, drogue, casinos… Aucune source de revenus illicites ne les laissait indifférents, toutes les motivaient assez pour entretenir entre eux des guerres qui n'en finissaient pas.

Une longue cavale, d'octobre 1975 à mai 1987, a permis à Pierrot de se tenir à l'écart de la plupart des règlements de comptes qui ont décimé cette génération de truands, pour cause de rivalité entre les bandes dans le trafic de drogue, le partage des zones d'influence dans l'exploitation des boîtes de nuit, des casinos, des machines à sous... Un rien, et la foudre s'abat. Une loi du talion hallucinée, où chaque mort se paye par dix, vingt, ou trente en représailles. Une véritable boucherie à coups d'armes automatiques, mais aussi d'horreurs d'un autre monde, tortures au fer à souder, mises à mort à la scie circulaire, voitures-barbecues pour carboniser les victimes, etc.

Aussi a-t-il choisi de son plein gré, dès les années 1970, de prendre ses distances avec ses amis, au moins dans leurs démêlés avec leurs rivaux. Zampa, Regazzi et Lucchesi s'étaient mis à tuer sans raison, dans une sorte d'escalade paranoïaque. Pierrot appartenait pourtant à leur équipe.

Jeannot Lucchesi était mon ami, mais je ne l'ai pas approuvé quand il est allé descendre en Italie Bébert F., un proche du Belge. Je le lui ai dit. Mais à cette époque, dans l'équipe de Tany Zampa, personne n'écoutait plus rien. Je me souviens d'une semaine où ils en ont tué dix-sept. Je suis resté le seul à pouvoir faire la bise à Tany et à Francis le Belge, les deux ennemis jurés[1].

Pierrot se tient donc éloigné de cette folie sanguinaire, qui s'étend d'un coup à l'ensemble du Milieu. Elle oppose la bande de Gaëtan Zampa au « *reste du monde* », à savoir aux deux autres parrains de Marseille : Francis Vanverberghe d'abord, puis Jacky Imbert, lui aussi fâché avec Tany Zampa. Les grosses équipes de Paris, au premier rang desquelles les Zemour, s'en mêlent dans un conflit généralisé. Une histoire terrible, d'abord objet d'un livre de Franz-Olivier Giesbert, *L'Immortel*[2], puis mise en scène dans le film de Richard Berry, où la sombre réalité devient à l'écran presque romantique, évoquant de manière irréaliste la tentative d'assassinat de Jacky Imbert, le 1er février 1977, à Cassis, par les hommes de Zampa. La visite de Kad Merad-Zampa à l'hôpital, au chevet de Jacky le Mat qu'il vient de faire abattre par ses hommes, pour venir lui susurrer à l'oreille mérite, selon Pierrot, la palme du grotesque.

Avec vingt-deux balles dans le corps, le Mat a pourtant survécu. Il est toujours de ce monde. On a dit et écrit que le commando lancé contre lui était composé de Jean-Pierre (Bimbo) Roche, Gaby (Milton) Regazzi, et d'un troisième

---

1. Les passages présentés avec cette typographie spécifique signalent les interventions de Jean-Pierre Hernandez.
2. Giesbert Franz-Olivier, *L'Immortel*, Flammarion, 2007.

larron. Dieu seul, ou le Diable, le savent. On dit aussi que Milton (ou Tany Zampa ?) aurait soulevé sa cagoule, croyant le Mat à l'agonie. Ce qui est certain, c'est que, ensuite, une quinzaine de proches de Tany perdent la vie de façon violente. Autant dans la bande du Matou. Vengeances en rafales.

Parmi eux, Gaby Regazzi, abattu dès le 3 mars à la sortie du cimetière où il vient sans aucune précaution chaque jour, à la même heure, se recueillir sur la tombe de son fils adoré, né de ses amours avec une prostituée. Un adolescent de dix-sept ans mort accidentellement à Chamonix, en tombant d'une fenêtre sur laquelle il jouait à l'acrobate.

> Je crois que Milton (Regazzi) s'est en quelque sorte suicidé par procuration. Il s'est livré à ses exécuteurs parce que, d'après moi, il ne tenait plus à la vie depuis la disparition de son fils.

Marquant sa neutralité, voire son désaccord, le Gros Pierrot s'est expatrié. Bien sûr, l'éloignement géographique ne l'empêche pas de continuer à monter des affaires avec les Marseillais. Il acquiert une brasserie à Paris, en 1970, avant de se mettre en cavale dès 1975. C'est donc en Espagne, ou en Allemagne, ses deux pays de séjour clandestin, mais aussi au gré de ses déplacements sous de fausses identités en Belgique, en Hollande et en France, qu'il apprend que

Bimbo, un ami de Zampa, à son tour, a été tué. Le 30 juillet 1977, Jean-Pierre (Bimbo) Roche est criblé de balles à la station-service du boulevard Carnot, à Nice. Tout près – à une centaine de mètres – du domicile d'Agnès, la fille de Renée Le Roux. Celle-ci, directrice du casino le Palais de la Méditerranée, était alors en guerre ouverte avec l'employeur de Bimbo, Jean-Dominique Fratoni, l'ambitieux maître du Ruhl, le casino niçois concurrent. En même temps qu'il travaillait pour Fratoni, Bimbo menait ses affaires avec Gaëtan Zampa. Il était coactionnaire avec lui et Gaby Regazzi d'une société d'ambulances, installée au Marché aux fleurs, à Nice.

Autour des casinos, poules aux œufs d'or, les convoitises du Milieu de l'époque. Tous les gros veulent leur part. Et pour faire l'omelette, c'est bien connu, on commence par casser les œufs.

Dans cette atmosphère empoisonnée, cinq mois plus tard, Agnès Le Roux disparaît pour toujours, mystérieusement, au volant de sa Range Rover blanc et noir, juste après avoir quitté son appartement de célibataire du 90, boulevard Carnot. Elle avait, au mois de juin précédent, fait chasser sa mère de la présidence du Palais, en vendant ses actions à Jean-Dominique Fratoni.

Pendant des mois, la vendetta entre Jacky Imbert, dit le Mat, et Tany Zampa frappe les proches des deux hommes.

Déclenchée et alimentée par leur concurrence sur les casinos de Nice, la guerre entre eux est sauvage. Le sommet de la cruauté est atteint – c'est ce qu'on appelle une « *vengeance transversale* » – quand Zampa profite d'une incarcération du Mat pour le frapper au cœur, et faire tuer son fils spirituel Serge Cassone, sans autre raison que la haine démesurée qu'il lui porte. Par ailleurs, inexplicable quand elle survient, la disparition d'Agnès Le Roux s'inscrit comme un événement atypique, indécryptable, sur fond de guerre des casinos.

> J'avais été choqué, et conforté dans mes jugements sur le pourrissement des mentalités. Il semblait ne plus y avoir de limite, plus de sens. C'était devenu de l'abattage de masse.

La violence armée est partout en France, et en Europe, ces années-là. Elle est politique avec Action directe, ou le FLNC en Corse, qui s'est fondé et radicalisé lors de l'occupation de la cave d'Aleria, en 1975, aussi bien qu'en Italie avec les actions spectaculaires et sanglantes des Brigades rouges, comme l'enlèvement et l'assassinat d'Aldo Moro, l'un des hommes les plus en vue du monde politique italien, en 1978. Ainsi que, en Allemagne, avec les derniers soubresauts de la fraction Armée rouge, autrement appelée bande à Baader, du nom de son chef charismatique, Andreas Baader, arrêté, puis condamné à la perpétuité avec deux de ses camarades. Ils sont tous les trois retrouvés morts dans leurs cellules de la prison de Stuttgart, le 18 octobre 1977. Suicide collectif, ainsi que le prétend la version officielle, ou exécution par les services spéciaux allemands, la question n'a jamais été tranchée. Une époque de sang, et de larmes.

II

UN MONDE NOUVEAU

1976-1977, années de plomb dans le mitan. À Nice, c'est l'ouverture du grand carnaval de l'épouvante. Prélude comique et spectaculaire, le « casse du Siècle » de la Société Générale attribué à Spaggiari et sa bande, dont la salle des coffres est investie par les égouts, et pillée. Pas d'autre victime cette fois que la crédibilité des systèmes d'alarme et de la police. Mais le sang coule à flots dans le sud de la France : près d'une centaine d'assassinats liés aux activités du Milieu, et en particulier aux règlements de comptes croisés entre bandes rivales. Ce n'est pas la traditionnelle bataille de fleurs sur la Promenade des Anglais, mais un corso où les corbillards défilent à la place des chars fleuris. Puis la disparition étrange d'Agnès Le Roux, d'abord prise à la légère par la police, ensuite interprétée comme une affaire privée par la justice. Reine malheureuse – et victime – d'un carnaval sinistre, mais qui s'étonnera d'apprendre que la mort se présente masquée ?

Les attaques à main armée se multiplient dans les banques, et contre des fourgons de transport de fonds, sur tout le territoire, avec de nombreux épisodes sur la Côte, tout autant qu'en région parisienne. Années d'enfer pour la police, sous les palmiers et l'azur, aussi bien qu'en Île-de-France. Le président de la République, Valéry Giscard d'Estaing, demande qu'on se donne les moyens de réagir : la Brigade antigang est créée sous l'impulsion de Maurice Bouvier, directeur central de la Police judiciaire, qui désigne Georges Moréas pour l'organiser et la commander.

Tandis que, à Paname, Pierrot Hernandez s'est fait des amis dès les années 1960. Il se souvient encore du bar des frères Patrizzi, ou des Trois Canards, à Montmartre, temple de la voyoucratie dès les années 1950. Il fréquente aussi l'Auberge Provençale de François Rolland, rue René-Boulanger, près de la porte Saint-Martin, autre repaire de mauvais garçons du Sud.

> Il y avait tant de bars de voyous où s'encanailler. On y rencontrait les *« beaux mecs »*, des truands, ou des boxeurs comme Ray Famechon et Théo Médina, qui ont flambé un temps, et ont fini à la cloche.

C'est au contact de ce « *pays* », originaire comme lui de Carpentras, que la vocation l'effleure pour la première fois. Sans l'emporter. Tous ces mecs bien sapés roulent carrosse, boivent du champagne, se couchent à l'aube en galante compagnie, à l'heure où lui, en ce temps-là, se lève pour aller compter les cageots de melons et les sacs de patates. Un monde nouveau et impressionnant pour un jeune homme d'une vingtaine d'années monté de sa province.

Je l'avoue, je me sentais des dispositions pour le job…

Le refus ultérieur de Pierrot Hernandez de se mêler de l'embrasement général du Milieu n'en fait pas un ange dans une corporation peuplée d'êtres démoniaques. Quand il règle ses propres différends, c'est d'une manière aussi radicale que ses collègues. Sur ce sujet, aujourd'hui, il est plus que discret, ne parlant que de ce qui l'arrange, et passant en pointillés sur certains épisodes sanglants. Il préfère visiblement dans ce domaine le récit des échecs et des ratages plutôt que celui des opérations réussies. Humilité et prudence sont les deux mamelles de sa sagesse.

III

RUGBYMAN

À la fin des années 1960, Pierrot Hernandez a trente-cinq ans. Avec sept Marseillais, Jeannot Lucchesi, Gabriel (Gaby) Regazzi, Barthélemy (Mimi) Regazzi, Jean-Baptiste Croce (Jean-Bati), les deux frères Mosca, Étienne et Ange, et Joseph Mari, il est l'un des artisans d'un système organisé comme une véritable agence de transport, de livraison d'héroïne entre Marseille et New York.

> Avant nous, existaient déjà des passeurs occasionnels. Après nous, d'autres sont venus se greffer et les équipes se sont diversifiées, multipliées.

L'expression « *French Connection* » a été importée d'Amérique en 1973-1974 pour désigner cette équipe de « *pionniers* » au moment de son procès à Marseille et Aix-en-Provence. Cette appellation contrôlée s'est étendue à tout ce qui concernait l'exportation de drogue de France vers les USA, avant d'être déclinée en « *Pizza* » ou « *Corsica* » Connection. Le Gros Pierrot, lui, s'est en tout cas bien gardé d'en faire une carte de visite. L'instinct de conservation lui a dicté de donner le change en menant une double vie bien cloisonnée, niant ou minimisant son rôle dès qu'il était pris pour ses activités illicites. Gangster « *a su manera* », selon sa propre méthode. Il ne traîne jamais longtemps en compagnie de ses complices, se montre peu dans les lieux de rendez-vous de voyous, bars et boîtes de nuit où ses collègues passent leur temps. « *Je n'ai jamais fait le beau* », dit-il avec sobriété.

Grossiste en fruits et légumes le jour, puis patron de bar, de restaurant, ou représentant en vins, mais gangster entre chien et loup…

Son étonnante longévité dans la profession et son compteur d'années de prison peu élevé se traduisent par son absence presque totale dans les pages des livres consacrés aux truands et à leur histoire. Un anonymat seulement écorné par une mention dans *B comme Barbouzes*[1]. Écrit par Patrice Chairoff, nom de plume de Dominique Yvan Calzi, un codétenu, auteur spécialisé dans les réseaux du crime organisé, le livre attribue au Gros Pierrot rien moins que le rôle d'exécuteur des basses œuvres pendant son séjour à la prison des Baumettes en 1973 et 1974. « *On ne prête qu'aux riches, mais c'était tout à fait faux* », assure Pierrot. Il le dit à l'époque à Calzi-Chairoff, à l'occasion

1. Chairoff Patrice, *B comme Barbouzes*, Alain Moreau Éditeur, 1975.

d'un parloir qui les a placés côte à côte. Mais l'autre invoque le prétexte de l'impossibilité matérielle de corriger son texte, déjà parti à l'imprimerie. Ignorant en la matière, Hernandez l'a cru.

Homme de l'ombre par vocation, il a soigné pendant quinze ans une image publique plus acceptable, loin des rubriques de faits divers criminels. Sportif professionnel à la grande époque du rugby à XIII, il appararaissait dans les pages du journal *L'Équipe*, dont il connaissait l'un des journalistes, devenu son ami, Robert Leroy. Même si cela ne trompe personne dans les vestiaires où l'on connaît le voyou caché sous la carrure et le maillot du joueur.

> Quand je jouais avec le Paris XIII au stade Vélodrome de Marseille, souvent en lever de rideau de l'OM, il y avait au moins quarante gangsters de mes relations dans les tribunes, à qui je n'adressais pas le moindre signe de reconnaissance !

Tous les flics de France, eux aussi, savent l'ordinaire de Jean-Pierre Hernandez, racket, vol, trafics, proxénétisme – c'est un Julot casse-croûte, qui vit avec une (et d'une) prostituée.

> Braquages, racket, fausse monnaie, trafics en tous genres, je ne peux pas nier, j'ai tout fait, et il m'est arrivé de tuer. J'ai été un gros poisson pour la police, fiché au grand ban-

ditisme, et condamné à mort par contumace. Mais aussi incroyable que ça paraisse toujours aux bourgeois et aux caves, je n'ai jamais mis une femme au tapin. Celles qui ont travaillé pour moi l'ont toujours fait volontairement, de leur propre initiative.

Francis le Belge pouvait en dire autant, lui l'Apollon de la plage des Catalans, à Marseille, pour qui les filles se battaient dès ses dix-sept ans. Avec son mètre quatre-vingt-dix, ses cheveux blonds bouclés, sa belle gueule, il eut une fille sur le trottoir bien avant sa majorité, et sans l'avoir vraiment prémédité. Ni, évidemment, refusé.

Plaquée tel un trompe-l'œil sur sa vraie vie, la carrière rugbystique de Pierrot a commencé dès que son talent lui a valu de jouer en Nationale, à Carpentras, en 1957. Dès 1959, il signe à Paris, au Paris XIII, retourne à Carqueiranne comme entraîneur joueur, à nouveau à Carpentras, puis Avignon, et il revient à Paris. Il a vingt-cinq ans et joue au vélodrome La Cipale, à Vincennes.

Le passage de la cuisine à l'huile d'olive à la cuisine au beurre fait grimper son poids à cent dix kilos, et passer du poste de demi d'ouverture au pack d'avants. Sympathique, populaire sur tous les terrains, il compte parmi ses copains, coéquipiers ou adversaires, les stars de cette discipline, dont les noms sentaient bon la castagne et le cassoulet : Jean-

Pierre « Papillon » Lacaze, Puig Aubert, dit Pipette, ou Jean Barthe, à Carcassonne.

C'est donc très naturellement que sa première arrestation, le lundi 15 janvier 1973, à treize heures quarante-cinq, dans son bar de Ménilmontant Le Sorbier, rue Sorbier, a lieu au lendemain d'un match de championnat avec le Paris XIII à Villeneuve-sur-Lot : les flics des Stups, qui le marquent à la culotte, l'ont suivi jusque sur les gradins du stade. Ils se joignent d'ailleurs à l'opinion générale des supporters pour dire que Pierrot a été très bon, le meilleur de son équipe ce dimanche 14. Le 15 ils l'emballent, terminus la prison de la Santé. Une simple escale avant le transfert aux Baumettes. Drôle de troisième mi-temps…

À la même heure, à Marseille, Jean-Baptiste Croce et Joseph Mari, deux de ses amis, sont arrêtés pour la même affaire, au bar Le Gondolier. En 1974, ils comparaîtront devant la justice, avec Jeannot Lucchesi, Ange et Étienne Mosca, Joseph Mari, les autres prévenus, pour ce qui restera le grand procès de la French Connection, à Marseille et Aix-en-Provence. Vingt-trois parmi les plus célèbres avocats français défendent les accusés pendant quarante-cinq jours. Maître Isorni interpelle le président dès le début du procès, et lui assène sur un ton qui ne souffre pas de réplique : *« C'est un simulacre de justice ! Monsieur le Juge, vous avez les condamnations déjà prêtes là, dans votre tiroir ! »*

Il enlève sa robe noire d'avocat, la plie et la dépose devant lui, avant de quitter la salle, suivi par tous ses confrères.

Dès son arrestation, pour faire libérer sa compagne de l'époque incarcérée pour complicité, Pierrot Hernandez fait la grève de la faim pendant soixante-cinq jours, de février à avril 1973. Son associé de la French Connection et de grève de la faim, Étienne Mosca, ne survit pas à l'épreuve et décède au bout de quarante-cinq jours. Pierrot obtient gain de cause. Sa régulière viendra libre au tribunal mais, à la fin du jeûne, le pilier de cent dix kilos n'en pèse plus que cinquante-trois. Ce qui lui fait dire qu'il aurait pu s'évader par le courrier, en se glissant dans une enveloppe timbrée.

IV

L'HOMME INVISIBLE

Gangster patenté, fiché au grand banditisme, puis condamné à mort en 1978 pour une série d'attaques à main armée, la personnalité discrète d'Hernandez détonne dans un milieu où peu résistent aux apparats de la renommée et, aussi, aux habitudes de l'embourgeoisement. Beaucoup deviennent terriblement vulnérables dès qu'ils estiment avoir réussi, quand confort et lassitude viennent endormir la vigilance indispensable à leur survie. Ils tombent, victimes de leurs ennemis, de leurs faux amis, de la police, et de leur funeste routine. On sait pratiquement en permanence où les trouver, et à quelle heure… Comme pour aggraver la fatalité, ils s'ingénient à fabriquer les bombes à retardement qui les tueront. L'implication systématique dans les règlements de comptes, l'obligation de venger, ou de prévenir les coups mortels en éliminant les adversaires, une forte tendance à refuser de partager, commune à de nombreux caïds, les condamnent à terme. Une psychologie mécanique, imprégnée par la défense de leur territoire, les rend trop prévisibles. Cela ne leur offre, sauf exception, pas d'autre alternative qu'une sortie de scène par la chaîne du froid : la prison, ou la morgue.

Disparaissent alors petits et grands secrets. Les histoires qu'ils ont vécues, et ne peuvent jamais livrer tant qu'ils sont aux affaires, sont enterrées avec eux. La vérité des choses, c'est un fonds commun frappé d'interdit, des milliers d'histoires scellées entre amis, classées « secret-défense », entre initiés. Un cercle où le silence est une règle de vie, non pas mystique, comme au monastère, mais pragmatique : une assurance-vie.

Souvent, tout le monde disparaît avant qu'aucune bouche n'ait prononcé un seul mot. Vient alors le temps des chroniqueurs, nourris par des rapports de police ni toujours exacts, ni toujours complets, parfois peu sincères, et le temps des bonimenteurs, des mythomanes qui se mettent à parler d'épisodes qu'ils n'ont pas vécus, ou de personnages qu'ils ont à peine croisés, assurés qu'aucun de ces chers disparus ne viendra les contredire.

On m'a présenté des individus, à ma grande époque, qui, ne me connaissant pas, se targuaient en ma présence, à l'heure de l'apéritif, d'avoir travaillé avec un certain Pierrot Hernandez. Ils me racontaient ma vie par le menu, avec quelques fantaisies, avant d'être affranchis sur mon identité et de se prendre un coup de poing qui leur faisait entrer dans la bouche le pastis ou le whisky et, en guise de bretzels et de cacahuètes, le verre et les dents avec... Alors imaginez, depuis la mort de mes amis, ce qui a pu se dire...

Ainsi se réécrit souvent l'histoire, recomposée par les derniers vivants. La lecture des ouvrages sur le Milieu, les « *mémoires* » de troisièmes couteaux, qui s'attribuent un rôle plus important qu'il ne fut en réalité, certains films aussi agacent souvent le Gros Pierrot, qui n'est aujourd'hui plus gros du tout, ou lui tirent un soupir. « *Ils font même rigoler les morts !* » marmonne-t-il entre ses dents, en tirant fort sur la cigarette blonde qu'il ne devrait pas fumer s'il écoutait ses médecins et l'état de son cœur, deux fois opéré.

À la publication de son best-seller *Papillon*[1], en 1969, l'ex-bagnard Henri Charrière a été convoqué par quelques vieux de la vieille, dans un bar de la rue Sainte-Apolline, à Paris. J'étais présent quand Henry Guintran, dit le Menteur, Maurice des Deux Portes, mon pote François Rolland, Tony l'Arménien, dit Jambe de Bois, les Lyonnais, Louis XIV et Robert Borgef, tous de grands aînés pour moi, ont reçu Charrière, qui n'avait pas pu faire autrement que d'accepter de venir. Ils lui ont reproché de s'être attribué certaines histoires d'un autre bagnard, un ami à eux tombé dans la misère. Il a pris deux claques, et s'est mis à pleurer comme

1. Charrière Henri, *Papillon*, Éd. R. Laffont, 1969.

un petit. Et il a dû payer quelque chose pour le nécessiteux. Il y a tant de vérités qui se perdent... Personne n'a le droit de vous voler votre vie, même si elle ne vaut rien. Elle vaut en tout cas le poids des risques encourus et des ennuis qu'ils vous ont créés. Personne n'a plus que moi la mythomanie en horreur.

Comment dire des choses aujourd'hui à des gens qui ne veulent entendre que des légendes, au risque de passer pour l'un de ces baratineurs de foire ? Quelques-uns savent encore, et se taisent, revenus de tout, désabusés. Ou désireux de se faire oublier.

Pierrot se souvient du haussement d'épaules que lui a inspiré la lecture d'un livre de mémoires où l'auteur se vante d'avoir été le commanditaire, avec Francis le Belge, de l'opération d'exportation de came montée avec le *Caprice des temps*, le crevettier du marin-pêcheur Marcel Boucan, arraisonné au large de Villefranche par le service des douanes le 29 février 1972. La plus grosse saisie d'héroïne jamais réalisée jusque-là : 425 kilos en partance pour New York. On dit qu'Antoine Cossu, dit Tony l'Anguille, le beau-frère de Francis Vanverberghe, a eu la même réaction qu'Hernandez en lisant le bouquin.

C'est ce pauvre Louis Santoni qui était le boss sur cette opération. Nous en avons parlé ensemble quand on s'est retrouvés aux Baumettes, en 1973. Il était sur le point de mourir d'un cancer. Il y avait aussi les Patrizzi dans ce couplà. Enfin, je le précise, mais les initiés savent.

Plusieurs fois, l'occasion s'est présentée pour Jean-Pierre Hernandez de dire sa vérité. Alphonse Boudard, ex-taulard converti à la littérature, puis José Giovanni, truand devenu romancier et cinéaste, ont approché tour à tour le Gros Pierrot.

C'est José Pierotti, un chanteur et compositeur de chansons corses, qui les lui présente. Ils envisagent d'unir leurs talents pour exploiter celui qui est à leurs yeux un conservatoire sur pattes du Milieu des années d'après-guerre, l'un des derniers – avec feu François Marcantoni, le doyen de quatre-vingt-dix ans, mort au mois d'août dernier – ou Jacky Imbert, le Mat, quatre-vingt-un ans. Sans parler de quelques-uns qui continuent leur vie et terminent leur parcours dans un anonymat choisi. La disparition de Boudard et Giovanni, les deux célèbres chroniqueurs du Mitan – authentiques et incontestables spécialistes, ceux-là, puisqu'ils étaient issus du sérail –, aura raison un temps des velléités de Pierrot de livrer témoignage. Des journalistes le consultent pour tenter d'éclairer leurs dossiers à partir de son expérience et de son vécu, et il se prête volontiers à l'exercice. Il lui est arrivé, lorsqu'on le lui a demandé, de s'appliquer à remplir quelques pages, au verso d'un papier à en-tête d'un laboratoire, avec certains souvenirs – le papier est cher, et Pierrot plus très riche. Mais, sous son aspect aujourd'hui débonnaire, l'homme traqué, habitué aux face-à-face avec la police, le voyou – « *de la pointe des pieds à la pointe des cheveux* », précise-t-il – ressurgit dès qu'il sent que son interlocuteur se montre trop intéressé par la recherche d'une information précise plutôt que par son vécu. En un mot, tout ce qui ressemble de près ou de loin à un interrogatoire déclenche chez lui un réflexe de défense, et la fin du jeu. Déformation professionnelle. La méfiance est sa seconde nature, il perçoit derrière chaque question un piège. Alors il se braque, se replie, comme il l'a toujours fait devant les flics et les juges, avec ce talent particulier pour tout nier en bloc, jusqu'à l'heure qu'il était la veille à la même heure. Il est un as dans l'art de la fuite, comme tous les fauves.

À soixante-quinze ans on ne se refait pas. Pierrot Hernandez a suivi des chemins de traverse, il ne s'est jamais mis à table, sauf pour faire un bon repas :

Je ne me suis jamais affalé. Quand ma pauvre mère a compris que j'étais en train de mal tourner, elle m'a dit : *« Au moins, ne m'envoie jamais personne en prison ! »* C'est une des rares satisfactions que je lui ai données là d'où elle me regarde aujourd'hui : le juge Saurel, en charge du dossier de la French Connection, m'a dit un jour devant quatre

> autres prévenus et leurs avocats, face à mon refus de coopérer : *« Hernandez, vous serez bien le seul à pouvoir descendre la Canebière sans arme ! »*

Sans le formuler, parce qu'il n'en est peut-être pas conscient lui-même, il demande certains égards, une sorte de prise en considération, pourrait-on dire, de l'ensemble de sa vie et de son œuvre. C'est le prix à payer si on veut se voir livrer certaines clés. On ne choisit évidemment pas à la carte dans son vécu. Avec lui, il faut prendre – ou laisser – tout le menu.

> Accéder aux coffres-forts de mon passé par effraction, c'est impossible, parole de vieux braqueur ! J'ouvre si je veux, quand je veux, et à qui je veux.

Sur un mot qui le heurte, une idée qui lui traverse l'esprit, il lui arrive de se mettre à bouillir, sans que l'on comprenne pourquoi, de laisser affleurer tout à coup l'agressivité, la violence d'antan, comme cet ancien boxeur dans une célèbre nouvelle d'Ernest Hemingway[1], qui s'en prend soudain violemment à Nick Adams, le jeune héros de l'histoire, après l'avoir invité à partager son repas. A-t-on a touché un point sensible, réveillé un cauchemar, rouvert une blessure ?

1. Hemingway Ernest, *Les Aventures de Nick Adams*, Gallimard, 1972.

V

L'ÉLECTROCHOC

S'enfoncer dans les replis de sa mémoire lui coûte un effort souvent douloureux. Pas le genre à avoir pris des notes, Pierrot Hernandez… Il a vécu sans agenda, au jour le jour toute sa vie, sans jamais se retourner. Il lui faut du temps pour extraire les noms, les souvenirs délibérément enfouis, les classer dans l'ordre chronologique. Les plaies et les bosses se chevauchent, les épisodes s'enchevêtrent, et surgissent au gré des émotions que ravive son propre récit. Autre forme de stress que cela engendre chez lui : le coup d'œil dans le rétroviseur révèle un chemin de grandes souffrances. À la fin du parcours, le constat s'impose.

> J'ai eu une drôle de vie, et une vie pas toujours drôle… j'ai profité du meilleur, et encaissé le pire sans broncher. À cause de tout ça, mes cavales, la prison, je ne vois plus mes filles. J'en ai eu trois de deux de mes trois mariages. Quels que soient mes torts, ce sont bien mes filles, et je ne les ai jamais oubliées. J'ai refusé au deuxième mari de ma première femme, qui me le proposait il y a à peine cinq ou

six ans, d'abandonner ma paternité, pour qu'il puisse reconnaître mes deux aînées. Deux rendez-vous, dont un de trois heures au bistrot La Mirande, à Caromb, dans le Vaucluse ne m'ont pas fait céder. Quant à mes filles, l'image qu'elles ont de leur père, évidemment, ne les a pas poussées vers moi.

Indissociable de la personnalité de Pierrot, il y a aussi le code qu'il s'est forgé. Dans son for intérieur, ce sont les limites de la confidence. Quiconque s'aviserait de trop insister pour lui faire prononcer, par exemple, le nom des commanditaires et des financiers présumés de la French Connection en serait pour ses frais. Certains ont essayé.

Ça, c'est le boulot des flics, chacun son truc… Les journalistes, ils ont bien droit au secret sur leurs sources, non ? Les flics couvrent bien leurs indicateurs ? Moi aussi, j'ai mes zones interdites.

Il défend son domaine réservé. C'est un truand rustique, aussi paysan qu'il est voyou : le paysan, taiseux, le voyou, volubile, mais secret, débrouillez-vous avec ça. Pas de hold-up possible. Alors, pour lui faire baisser la garde, faut-il rester assis des heures dans une voiture, un soir d'hiver, face à la gare de Nîmes, au retour d'un parloir partagé avec lui et l'un de ses amis en prison depuis dix ans ? S'apercevoir que l'on s'est déjà croisés par hasard il y a des années, dans le quartier gitan de la Placette, au Rugby Bar, dans cette même ville ? Puis au Palais de Justice de Paris, en 1990, à l'occasion de son procès pour attaques à main armée et hold-up, qui se solda par un acquittement ? En tout cas, peut-être à cause de ces petits riens, il propose de se confier, de rassembler les morceaux éclatés de sa mémoire, en commençant par ceux qui ne l'amènent pas à la transgression de ses limites. L'âge et la solitude sont venus, mais l'heure du bilan n'autorise pas tout. Rétablir certaines vérités, se délivrer de certains fardeaux, pour trouver, si possible, une forme de paix. Rien que de très humain. Encore faut-il que ce soit progressif, et que la patience de l'écoute l'amène à dérouler le fil. Un à-coup, et le fil casse.

C'est un électrochoc qui a déclenché cet impérieux besoin de retour sur lui-même, qui le tenaille depuis un soir d'octobre 2007 : un éclair bleu sur son poste de télé, le visage d'un homme. Retiré des affaires, Jean-Pierre Hernandez coule des jours paisibles dans son village du Haut-Languedoc quand une information et quelques images apparues aux infos du 20 heures bouleversent ce dur à cuire. Ce qu'il vient de voir et d'entendre le cloue sur place. Il tombe étrangement en dépression, un sentiment de culpabilité l'envahit et ne le quitte plus. Son cœur, déjà affaibli, en prend un coup. Dans la même période, ses yeux le trahissent, on l'opère de la cataracte, il perd l'appétit. À

Toulouse, IRM de la tête et examens approfondis, les médecins qui l'observent détectent un désordre psychologique, sans pouvoir l'expliquer, qui se traduit par d'importantes répercussions physiologiques.

Ce qu'il apprend, c'est qu'un homme vient d'être condamné à vingt ans de prison, en présence de ses deux fils – il voit leur désarroi à la télé –, pour un meurtre dont lui, Pierrot Hernandez, connaît le véritable auteur. Il est un des seuls à le savoir : ce n'est pas cet accusé, Maurice Agnelet, avocat de profession, qui a tué la jeune et belle Agnès Le Roux, fille de Renée Leroux. Celle-ci, maîtresse femme arc-boutée sur la défense du bien familial, le casino du Palais de la Méditerranée, risquera le tout pour le tout jusqu'à la catastrophe finale : la perte du Palais, et la disparition de sa propre fille, Agnès.

Pierrot devient bizarre, agressif, il ne dort plus, la nuit il parle à ses amis disparus. Il ne maîtrise plus ses nerfs. Il se sent sale, ravagé par son secret. Après tout, quel être humain échappe à ses contradictions ?

Je suis catholique, et croyant. Je n'ai jamais menti de ma vie, sauf aux condés et aux juges.

Il devient invivable, et sa femme, ne le supportant plus, le quitte.

À moins que je ne l'aie mise dehors, je ne sais plus… J'ai été privé de mes enfants, je sais ce que ça représente dans une vie d'homme, c'est peut-être ça... J'ai été touché par les larmes de ces fils perdant leur père. J'ai été moi-même surpris par ma réaction, celle d'un honnête homme! Et puis j'ai fait aussi l'expérience, moi qui ai toujours tout nié, à commencer par mes crimes et délits, d'être injustement accusé, ou soupçonné. Même pour quelqu'un comme moi, c'est insupportable. Aujourd'hui encore, dans l'esprit des flics français, je porte le chapeau pour un braquage en Belgique dans les années 1970 où il y avait eu un mort, un policier, et un blessé. Et je le jure, je suis blanc bleu. J'ai été interrogé plusieurs fois à ce sujet, en 1995, à l'hôpital de la prison de Fresnes, où je venais de subir un triple pontage coronarien : six policiers belges m'ont rendu visite tout exprès. Ils sont revenus me voir en 1996, à la centrale de Châteauroux, et puis plus rien. Marc Monge, supposé avoir fait le coup avec moi et Manu Fernandez, avait été de son côté arrêté à Marignane, et interrogé. Bien sûr, il avait nié et m'avait dédouané. Mais rien ne changera l'opinion des flics de l'époque et, trente-cinq ans plus tard, ils sont toujours convaincus que c'est moi. Simplement parce que l'un des braqueurs s'appelait Pierrot. Francis le Belge lui-même avait été étonné quand je lui avais dit que je n'étais pour rien dans cette affaire.

Il faut parfois peu de chose pour que tout bascule d'un côté ou de l'autre. J'ai une fois dormi, en 1965, par hasard, dans un hôtel de Villeneuve-Loubet, Le Macao, situé à deux cents mètres du lieu où Toto Ibanez a été assassiné, justement cette nuit-là : un Arlésien à qui je ne parlais plus parce qu'il avait tenté d'escroquer mon ami Jean-Louis Fargette. La veille au soir, juste avant le meurtre, j'avais dîné dans un restaurant proche, où, d'ailleurs, entre parenthèses, ils font les meilleurs escargots du monde. J'ai mis la note dans la boîte à gants de ma voiture, et je suis allé me coucher. Les hommes du SRPJ m'ont tiré du lit au petit matin. Ils ont trouvé la note du restaurant : pour eux, presque une preuve. Ajouté à mes démêlés avec Toto, cela constitue un *« faisceau d'indices concordants »*, comme ils disent. Mauvaise limonade pour un mec qui a un aussi mauvais papier que moi dans la Grande Maison. Heureusement, les deux responsables se sont livrés. *« Sinon Pierrot*, m'a dit le commissaire, *tu y étais! »* Ironie du sort, ce Toto me devait en quelque sorte la vie : j'étais allé le tirer des mains de Fargette qui l'avait mis dans une cave, à Arles, pour le cuisiner, plusieurs mois avant. À quoi tiennent culpabilité et innocence quand il n'y a pas de preuves : souvent aux circonstances. Alors, un type en prison quand je connais le nom du vrai coupable, non, je ne peux pas l'admettre…

VI

FRUITS, LÉGUMES ET PIÈCES D'OR

Inutile de le regarder de près, de scruter chacune de ses expressions : il est définitivement impossible de préjuger de l'avenir d'un nouveau-né, et le petit Jean-Pierre Simon Hernandez, beau comme un chérubin, n'a pas échappé à la règle. Dans son berceau, il ne laisse rien deviner de sa vocation. Deuxième enfant d'une famille de quatre (l'aînée est une fille), premier des trois fils de la famille, Jean-Pierre porte néanmoins dès sa naissance, le 31 mai 1935 à Carpentras, les espoirs d'André Hernandez, son père, un Français d'origine espagnole, chauffeur de car, et de sa mère Marie Diane Susini, originaire d'un petit village corse, Serra-di-Scopamène. Les parents se sont connus quand ils étaient tous les deux au service d'un certain Henry Dreyfus, parent du célèbre capitaine. André comme chauffeur, Diane en tant que femme de chambre. Fervente catholique, cette mère adorée inculque à ses enfants les principes de sérieux, d'humilité, de travail et d'honnêteté dans lesquels elle a été élevée en Corse.

Une sainte, comme il en existait alors, mais le moule est cassé.

Commencée sous le soleil du Midi, où il est finalement revenu, la boucle est bouclée, Jean-Pierre Hernandez livre quelques secrets de sa vie, écrivant après coup ce journal qu'il n'a jamais tenu en temps réel, mais qui lui permet de se retrouver face à lui-même. Afin qu'à l'instar de la loi – « que nul n'est censé ignorer » – personne ne puisse déroger à d'autres règles non écrites, ni de morale, ni de droit, qui régissent la vie des voyous : à chaque monde son code, à chacun sa loi.

Il ne se pose pas en gardien du temple, d'ailleurs, quel temple ? Juste un vieux voyou qui veut dire sa vérité.

J'étais un enfant tranquille. C'est à l'école, au contact des autres enfants, que j'ai changé, et à huit ans je suis devenu un vrai petit démon. Nous sommes en pleine guerre, sous occupation allemande, et j'invente dix conneries par jours : vols à l'étalage, vagabondage après le couvre-feu. Plusieurs fois, avec des copains, nous nous glissons dans un campement de troupes allemandes, et nous coupons les toiles des tentes pour leur voler des cigarettes Ce sont mes seuls actes de résistance ! D'autres que moi en auraient peut-être tiré parti, en se faisant passer pour des héros en culottes courtes ? On en a tant vu se vanter… Moi, je ne faisais que découvrir mes penchants naturels de chenapan, de voleur. Les hommes de la Kommandantur me ramènent chez moi presque chaque jour par les oreilles. Ma pauvre mère en voit de toutes les couleurs, elle me file des roustes, mais rien n'y fait, et rien ne m'intéresse, sauf faire n'importe quoi.

1949-1950. Ma mère a dû beaucoup prier, et faire brûler des cierges à l'église : juste après mes quatorze ans, je m'assagis et commence à songer, comme beaucoup de jeunes de cette époque, et de mon milieu, à travailler. Les temps sont durs et je suis désireux de participer au bien-être familial, d'autant plus que je suis l'aîné des garçons. J'apprends le métier de confiseur, que je délaisse très vite pour les fruits et légumes, qui me plaisent beaucoup plus. Pourquoi, je ne sais pas. Une attirance précoce pour les « patates », peut-être ? En tout cas, je rejoins comme simple employé une grosse maison d'import-export de fruits en gros. Là, je suis vraiment à mon affaire. Je travaille beaucoup, treize à quinze heures par jours sans rechigner, et l'œil avisé de mes patrons vient vite déceler chez moi des qualités innées pour ce négoce. Je monte en grade, je passe aux achats, et je parcours les marchés à la recherche de produits. Je me fais déjà un nom dans le métier alors que j'arrive à peine à mes seize ans. Ma mère est fière de moi.

J'ai déjà une certaine assurance, je ne suis pas timide, je commence à fréquenter tous les bals de village, quel bonheur! Je n'ai aucun mal à attirer à moi une jolie jeune fille dont je ne connais au début que le prénom. Après une première période de flirt, et alors que je suis devenu vraiment très amoureux d'elle, j'apprends que ma douce est la fille du plus gros négociant en fruits et légumes de la région. Un homme que je croise souvent sur les marchés, mais dont je m'écarte avec respect car, pour moi, petit prolo, il appartient au monde de la bourgeoisie. Du coup, je suis presque gêné de fréquenter une fille de ce milieu, mais l'amour est le plus fort et, au bout de deux bonnes années de patience, ma dulcinée annonce notre liaison à ses parents.

À ma grande surprise, lorsque je lui suis enfin présenté, mon futur beau-père se dit très heureux de voir sa fille avec un gars du métier, apte à venir le seconder. Une réunion entre nos deux familles – la mienne reste abasourdie par mon entrée chez des gens connus –, et nous voilà officiellement fiancés. Le 15 octobre 1955, nous nous marions sous le régime de la communauté, c'est dire la confiance que me porte ma belle-famille. J'ai vingt ans. Je travaille pour mon beau-père depuis nos fiançailles. Debout à l'aube pour acheter en gros, et expédier vers les Halles de Paris, je m'investis à fond dans mon boulot. Mes beaux-parents apprécient, mais un certain malaise, dû à notre différence de standing, m'empoisonne la vie. 1957-1958. Après un sursis, je suis appelé sous les drapeaux pour le service militaire, que j'effectue au 11e Cuir, à Orange. Ma situation de chef de famille – j'ai eu mes deux premières filles en 1956 et 1957 – m'autorise à rentrer chez moi chaque soir après dix-huit heures. À cette époque, je suis tout sauf un fainéant et, en rentrant de ma caserne, je quitte ma tenue militaire pour passer des vêtements de travail, dans les vestiaires des entrepots.

Le virus de la curiosité ne m'a jamais quitté et, un soir, alors que je suis seul, après m'être changé, je me saisis des clés du coffre placé dans le bureau, et je regarde ce qu'il contient. Rien à faire, j'ai ça dans le sang ! Pour le coup, le jeune Pierrot est sur le cul ! Devant mes yeux ébahis, un sac de jute, plein à ras bord de louis d'or ! La caverne d'Ali Baba derrière les tomates et les concombres. Mais je ne suis pas encore l'un des quarante voleurs. Sur tout, je n'en reviens pas ! D'autant que je connais, mais je n'ai jamais voulu les croire, les rumeurs qui circulent sur mon beau-père dans son village du Barroux, deux cents âmes au pied de Malaucène, au sujet de son soudain enrichissement d'après-guerre. Jusqu'à Carpentras, on m'a parlé de parachutages destinés aux maquis de la Résistance qui auraient été détournés, évidemment sans preuve.

Ces dizaines de kilos de louis d'or me troublent l'esprit jusqu'au jour, alors que je commence à ne plus y penser, où je vois ma belle-mère et mon épouse arborer toutes les deux à leur poignet de magnifiques bracelets faits chacun d'une douzaine de louis d'or. Ah, les secrets de famille de la bourgeoisie !

VII

AU NOM DU BEAU-PÈRE

1959-1960. Rendu à la vie civile, joueur de rugby confirmé, il se fait une place en division Nationale. Côté fruits et légumes, son beau-père s'est associé à Paris avec un intermédiaire de l'Assistance publique, la société Benedetti, qui livre d'énormes quantités de marchandises aux hôpitaux. Un monopole juteux.

Je suis envoyé pour une première mission de six mois dans la capitale. Gendre du big boss, directeur commercial, à moins de vingt-cinq ans, je tutoie les dieux !

Le chiffre d'affaires a très vite triplé, grâce à ma présence constante sur le terrain. Mon beau-père construit d'immenses entrepôts, pour lui l'argent coule à flots, et pourtant, tout va se gâter pour mon matricule. D'abord sur le plan professionnel et familial, et plus tard dans ma vie conjugale. Les sommets, je vais l'apprendre à mes dépens, côtoient toujours les précipices.

Encouragé par des grossistes qui me font remarquer que c'est bien moi, et moi seul, qui abats tout le travail, et que je ne perçois pas ma part des bénéfices, je suis poussé à m'émanciper de la tutelle de mon beau-père et de ses associés. Bref, je me lance à mon compte, ce qui déplaît beaucoup à mon beau-père, mais également à ses associés parisiens, d'ex-officiers corses retraités de l'armée, qui détiennent un monopole sur le marché de l'Assistance publique. Ils n'aiment pas la concurrence. De mon côté, je suis assez naïf pour croire que mon lien de parenté avec leur principal fournisseur et associé va me protéger. Après tout, je ne fais rien que tenter d'améliorer le niveau de vie de mon épouse et de nos deux filles, alors en bas âge.

Des représailles vont très vite être exercées à mon encontre. Par la violence, ou en tout cas par des tentatives à peine déguisées de s'en prendre à mon intégrité physique. Un jour, rue Montorgueil, en plein quartier des Halles, je n'ai que le temps de me jeter de côté pour éviter une voiture qui me fonçait dessus. Ma femme aussi s'aperçoit que je suis tout le temps suivi, elle est pour l'instant solidaire de son mari. D'autant que nous avons à affronter ensemble une épreuve à cette époque-là très dure pour un jeune couple. Mon épouse est de nouveau enceinte. Elle a accouché les deux premières fois par césarienne, il lui est donc formellement interdit de recommencer, au risque d'y perdre la vie, selon les médecins. La seule solution, c'est l'avortement, rigoureusement interdit en France. Mon beau-père s'empare du problème, prend les rendez-vous en Suisse, dans une clinique réputée de Genève. Je me souviens qu'il fallait verser l'argent de l'opération dans une banque de Saint-Claude, côté français. Nous nous y rendons, recommandés et aidés par notre client et ami Jean Ardilouze. Directeur de la chaîne de supérettes Les Laiteries Parisiennes, il est l'oncle de Roger Vadim, alors marié à Brigitte Bardot. Sa sœur, mère du réalisateur de *Et Dieu créa la femme*, venait souvent en vacances au Barroux. Un dîner avec Vadim et BB avait été programmé, mais il n'eut jamais lieu. En revanche, l'avortement programmé se passe aussi bien que possible, si l'on peut dire.

Je me sens pris dans un étau. J'ai le trac. Trois Corses éméchés m'abordent un jour au bar Le Gobelet d'Argent, rue de la Grande-Truanderie, à quelques mètres de mon bureau, pour me dire que, si je n'étais pas à moitié corse, ils m'auraient fait mon affaire depuis longtemps. Il y a surtout un certain P'tit Louis Danet, un individu dangereux, que je vois de plus en plus souvent derrière moi. Je sais que P'tit Louis est envoyé par ceux dont je suis devenu le rival commercial. Celui-là ne vient pas seulement pour m'intimider. C'est un tueur à gages connu dans Paris, ex-garde du corps de Marcel Cerdan. Je m'en tire grâce à Jo Attia, caïd au grand cœur et au bras long, qui m'avoue qu'il y a un contrat sur moi, mais qui, en fin de compte, décide de m'arranger le coup. Ce qu'il fait, heureusement...

Je reste persuadé qu'il m'a sauvé la vie. Une douzaine d'années plus tard j'ai vécu la fin de cette histoire, dans mon bar de Ménilmontant. C'était en décembre 1972, je crois, ou dans les premiers jours de 1973. Ce P'tit Louis Danet, que je n'avais jamais revu, mais jamais oublié non plus, le voilà qui entre dans mon bar. Petit de taille, il s'appuie sur une canne. Il se plante devant moi, et commande une bière et un schnaps. J'en ai les jambes coupées. Je lui réponds aussi sec que je ne sers pas les enculés, Il me toise, me lance : *« Dis, tu sais à qui tu parles ? Qui tu es pour te permettre ça ? »* Je l'affranchis sur mon identité, et c'est à son tour de tomber des nues. J'ai trois potes avec moi, Dominique Juliani, Vincent Abellan, tous deux amis de Tany Zampa, comme moi, et Maurice Pellier, le beau-frère du boxeur nîmois René Roque. Je tire les rideaux, et nous nous mettons autour d'une table pour une explication entre hommes. Je lui ai permis de téléphoner à des amis à lui pour qu'il ne soit pas seul. C'est la règle entre gens sérieux. Au bout de deux heures, ce qu'il m'a avoué me laisse sans voix. Il prétend que mon beau-père s'est laissé convaincre par ses associés qu'il fallait me supprimer. P'tit Louis Danet aurait, c'est ce qu'il nous raconte, accepté le contrat, pour quatre millions d'anciens francs. Il accepte même de me rédiger une attestation, que je promets de ne pas divulguer, pour ne pas le compromettre inutilement. Le document a été déposé par les soins de Maurice Pellier dans un coffre de banque au moment de ma première arrestation. Pellier est toujours de ce monde, Juliani aussi. Quant à mon beau-père, il a reconnu les faits quand je lui ai téléphoné, après mon entretien avec Danet. Pour me faire peur? Pour me narguer? Je m'interroge encore, tellement j'ai du mal à y croire. Les gens se plaignent toujours de leur belle-mère, moi, côté beau-père, on peut le dire, j'ai été servi.

VIII

L'APPEL DE LA NUIT

N'empêche, à l'époque des faits, le jeune Jean-Pierre Hernandez prend la décision de se mettre à l'abri avec sa femme et ses enfants. Ils quittent Paris tous les quatre, direction plein sud, jusqu'à Carqueiranne.

J'y ai trouvé une place de joueur-entraîneur dans l'équipe de rugby à XIII. Je peux me relancer facilement dans le business des primeurs. J'ai perdu ma naïveté, et l'attitude désormais très hostile de ma belle-famille vis-à-vis de moi, sans parler des soupçons que j'ai désormais sur leur intégrité morale, m'a rendu plus cynique. Les valeurs bourgeoises, je n'y crois plus. Y ai-je vraiment cru un jour ? Oui, j'ai voulu y croire, mais le cristal est fêlé. Le Gros Pierrot a changé, il est désabusé. Mon cœur s'est durci. Je me suis perverti. Les démons qui dormaient en moi se réveillent… Parce que, au fond, je dois reconnaître que je ne me suis jamais reconnu dans ce monde-là. Dieu me pardonne, j'ai une âme de voyou, et un credo : vivre sans jouer, ce n'est pas vivre. Mais jouer sans risquer, ce n'est pas jouer !

1963-1964. Pierrot s'est procuré un petit camion. Il achète, emballe, et revend sur le cours Julien-Marseille ses carottes et ses salades. Sa famille ne manque de rien, et il a toujours de l'argent liquide en poche.

Pourtant, la période tranquille de la vie familiale se referme avec son divorce, imposé par ses beaux-parents, et d'autres chemins s'ouvrent devant lui, moins conventionnels. Les copains qu'il commence à se faire dans la région ne sont pas des amateurs d'aquarelle ou de ping-pong. Un jour, dans un bar de Toulon, dans le quartier de La Loubière, il sympathise avec un adolescent de seize ans à la belle petite gueule et à l'air décidé. Il le prend sous son aile : le gamin s'appelle Jean-Louis Fargette, il a déjà un sacré tempérament. Ceux qui le traitent encore de « minot » ne le feront plus très longtemps. Ils se résoudront, comme tous les voyous du département, à faire allégeance quand il deviendra le parrain de Toulon. Vols, proxénétisme, racket, tout commence dans le Var avec Jean-Louis (Savonnette) Fargette, et d'autres mauvais garçons déjà aguerris comme Paul Salicetti, Paul Luciani, Gaby Saluce. Aucun ennui majeur ne vient enrayer ces débuts dans la carrière. Sentiment d'impunité, ivresse de l'argent facile et de l'adrénaline liée aux risques, Pierrot se rend compte qu'il est en train de perdre tous ses repères. La sensation d'être enfermé dans un ascenseur en chute libre. Pour l'instant, tout va bien, mais pour combien de temps ?

Grâce à un ami qui l'embauche à Carpentras, il tente de s'éloigner du monde des malfrats, et se purge quelque temps dans le travail. Mais il est comme un drogué en état de manque. La vie civile normale manque d'épices. La tentation est trop forte.

D'autant plus que, au cours de certains soirs de rechute, où il se laisse entraîner vers les lumières de la ville, il s'est aussi fait des relations dans le Milieu marseillais. Ses nouveaux amis ont pour noms Tany Zampa, futur « parrain » de la ville, et ses lieutenants, Gaby Regazzi, Jeannot Lucchesi. Ce dernier, qui deviendra un ami très proche, il le rencontre à Port-de-Bouc, où il n'est encore qu'un petit voleur. Si Pierrot est de toutes leurs combines, et en première ligne dans l'action, il veille à se tenir en retrait pour continuer incognito sa vie rangée à Carpentras. Il est tout le temps à Marseille, mais, si incroyable que cela paraisse, quand viendra l'heure des comptes, la police ne pourra pas affirmer l'y avoir vu. C'est l'homme invisible. Pourtant, il ne chôme pas.

À Bagnols-sur-Cèze, une fois, avec Tany Zampa et Jeannot Lucchesi, on est montés tous les trois sur le braquage des bureaux de l'EDF-GDF, parce qu'un type d'Avignon qui était allé régler une note en retard avait dit qu'il avait vu le coffre ouvert, et qu'il dégueulait de liasses de billets. Tu parles !

Dans le fameux coffre, on a trouvé dix francs, une bouteille de mercurochrome, et en plus je me suis cassé un doigt.

D'autres jeunes durs, futurs caïds, entrent dans le cercle de ses nouveaux compagnons de route. Parfois le calibre à la main, comme Serge Leynaud, un Nîmois de vingt ans.

Il y avait, je crois, un problème de gonzesse, une fille qui travaillait pour lui, et qui avait eu des démêlés avec des garçons de chez nous. Serge est venu seul nous voir à Orange, à la brasserie Le Rallye, pour régler le problème. C'était courageux de sa part. Je n'étais pas avec des enfants de chœur, et ma réputation parlait pour moi. Nous avons discuté, et il se trouve qu'il avait raison. Il est reparti sur sa moto. Nous avons souvent travaillé ensemble par la suite et, même à distance, dans le chaos de nos vies, nous sommes toujours restés en confiance. Je l'appréciais beaucoup, et réciproquement.

Il y a quelques années, j'ai favorisé un rapprochement entre lui et Francis le Belge, qui voulait partir le rejoindre en Afrique sur des affaires de casinos et de tourisme. Ils devaient se rencontrer chez moi, dans le Haut-Languedoc. J'avais préparé pour eux une maison tranquille dans la montagne. Mais, dans le Milieu, les projets ne peuvent être que des vœux pieux. Serge fut abattu par deux hommes à moto, au volant de sa voiture arrêtée à un feu rouge, route d'Uzès, à Nîmes, le 12 mai 1999, sans avoir rencontré Francis. J'ai été prévenu tout de suite, je suis allé voir sa femme et sa fille dès le lendemain, à Montpellier. C'était un homme, Serge, il me manque beaucoup. Seize mois plus tard, le 27 septembre 2000, c'est le Belge qui a été tué à Paris, dans le PMU chic de la rue d'Artois.

IX

NOUVELLE VAGUE

Souvent, il n'y a que la rumeur pour dénoncer les auteurs de règlements de comptes sanglants. Certains restent à jamais classés sans signature, ce qui, parfois, arrange tout le monde, policiers et voyous. Il n'y eut jamais de responsables désignés, et à fortiori condamnés, pour l'exécution de celui qui régna sur Marseille, dès la fin de la deuxième guerre mondiale, pendant plus de vingt ans : le 23 juin 1967, Antoine Guérini, un parrain au pouvoir tentaculaire tel qu'il n'y en eut plus en France depuis, est abattu de onze balles de, 11.43, alors qu'il fait le plein de sa Mercedes, en compagnie de son fils Félix, dans une station-service du quartier Saint-Julien.

C'est un véritable « maire bis » officieux qui vient de disparaître ce jour-là. Son frère Barthélemy (Mémé) lui a apporté la ville sur un plateau d'argent, grâce à la bienveillance de Gaston Defferre, le maire de Marseille, pilier du Parti socialiste, figure historique de la politique française, plus tard ministre de François Mitterrand. Gaston et

Mémé s'étaient connus dans la Résistance, alors qu'Antoine Guérini aurait eu, selon les chroniques de l'époque, une attitude plus pragmatique et partagée sous l'occupation allemande. Il n'était pas rare pendant le règne des Guérini que Gaston vienne au 34 de la rue Sénac, chez Mémé, pour déjeuner, dîner et régler quelques affaires. Selon Marie-Christine Guérini, la fille de Mémé, qui le raconta un jour, « *Ça criait souvent très fort* ». Parrain incontesté du Milieu français, fort de ses soutiens politiques, Antoine a sans doute sous-estimé l'audace des jeunes voyous maigrichons qui ont commencé à montrer les dents autour de lui dans les années 1970.

Pour des raisons qu'il juge alors suffisantes, il fait abattre le 4 mai 1965 l'ex-commissaire Blémant, un flic devenu voyou, très connu à Marseille. C'est René Mondoloni, le fils naturel de Mémé, qui a été chargé d'exécuter le flic repenti. Une erreur fatale. Le déclic. Le ras-le-bol des jeunes, qui n'en peuvent plus d'attendre leur tour et de devoir plier sous le joug des Guérini, se transforme en vindicte anti-Guérini. Blémant était un homme proche des nouveaux, comme Zampa and Co… Y a-t-il un lien entre cette exécution et la mort du parrain, deux ans plus tard ? Tout le Milieu marseillais ayant unanimement désapprouvé la mort de Blémant, on ne peut savoir avec certitude d'où sont venues en retour les balles qui ont mis fin à la vie d'Antoine, et à l'ère Guérini. À moins, peut-être, que les circonstances n'aient été qu'un prétexte depuis longtemps attendu par certains pour se débarrasser enfin des Guérini et de leur mainmise sur les affaires. La rumeur, qui tisse parfois l'histoire, parfois la légende, attribue la mort d'Antoine à Tany Zampa et Jacky Imbert, dont on dit qu'ils auraient opéré en tandem.

La seule certitude, c'est que cette disparition est un événement considérable dans le Milieu, qui laisse le champ libre à tous ceux qui vont s'illustrer désormais dans le grand banditisme, à Marseille et ailleurs. L'empereur est mort, plusieurs rois vont morceler et se partager l'Empire. Dix ans après celle du cinéma français, c'est la nouvelle vague du Milieu ! Trois nouveaux seigneurs domineront leur époque : Zampa, Imbert, Vanverberghe, plus connus par leurs surnoms : Tany, Jacky le Mat, et Francis le Belge. Au gré de leur ascension parallèle, la déflagration entre eux deviendra vite inévitable. Sans oublier, à Paris, les frères Zemour, ou encore les équipes de la banlieue Sud, et le gang des Lyonnais. La guerre civile entre les clans est une fatalité dans le Milieu, ainsi qu'une sorte de régulation naturelle du nombre des individus qui vivent en dehors des lois.

Entre autres assassinats qui envoyèrent en peu de temps les restes du clan Guérini *ad patres*, celui de René Mondoloni, en décembre 1968, dans sa chambre de la clinique de

Cavaillon. Il venait d'être hospitalisé après un accident de voiture. Le pauvre Félix, le fils d'Antoine, qui avait déjà assisté à la mort violente de son père, était présent à son chevet quand les tueurs vinrent exécuter son cousin dans son lit. Là non plus, officiellement, aucun nom : le bouche à oreille, avec toutes les incertitudes et les manipulations qu'il engendre, en a évidemment soufflé quelques-uns.

Non mais dites, franchement, qui peut croire qu'un vrai voyou va tout dire ? Il faut être naïf pour le penser. En tout cas, c'est à cette école que j'appartiens. Je ne vais pas me renier aujourd'hui. Je ne sais pas quel mot il faut employer pour désigner cette mentalité que nous avions, que j'ai toujours eue, et je n'étais pas le seul. Elle me commande de ne pas parler des choses qui ne m'appartiennent pas, des gens qui ont demandé à ne plus être cités, de certains de mes propres actes que je préfère tenter d'oublier… Je m'en sens le droit, et j'en ai l'obligation. Je ne suis pas un indic. On peut me demander jusqu'à la fin des temps qui a financé la French Connection. Les flics américains l'ont fait quand ils sont venus m'interroger rue des Saussaies, à Paris, il y a trente-sept ans. Ils ont eu droit à la même chansonnette que j'ai répétée devant leurs homologues français, et devant les juges. Couplet : *« Il y a erreur sur la personne, je ne sais pas de quoi vous parlez. »* Refrain : *« Je ne suis rien d'autre qu'un honnête commerçant qui n'est allé aux États-Unis*

> *avec sa fiancée, une jolie poulette sortie du trottoir et remise dans le droit chemin, que pour y vivre une belle histoire d'amour.* » Aujourd'hui, le temps a passé, je peux confier ce qui m'appartient de ma propre vie, et ce que j'ai partagé avec mes amis proches.

Non sans malice, il dit être certain qu'aucun d'entre les parrains qu'il a fréquentés n'aurait jamais cherché d'éditeur pour publier des mémoires. Pierrot profite seulement d'être aujourd'hui retraité pour sortir de scène, et abandonner le personnage d'innocent qu'il a joué toute sa vie. C'était, comme on l'a déjà vu, un rôle de composition.

X

LA ROUTE DE LA CAME

1968-1969. La partie émergée de l'iceberg, c'est comme toujours une bande de copains qui veulent s'en mettre plein les poches. Un noyau de huit petits durs, avec des collaborateurs occasionnels. Le noyau se compose de Jean-Baptiste (Bati) Croce, Joseph Mari (Zé), Jeannot Lucchesi, Jean-Pierre Hernandez, Ange et Étienne Mosca, Joseph Marrot et Barthélemy (Mimi) Regazzi. Cette équipe-là a décidé un jour, parce que le marché existait déjà aux USA et qu'un parrain leur a proposé de s'en occuper, d'organiser de façon professionnelle et permanente le conditionnement, l'acheminement et la vente de l'héroïne produite dans les laboratoires clandestins de la région marseillaise. Ils deviennent des transitaires, dévoués à résoudre pour les producteurs industriels les problèmes qui se posent dès la sortie des laboratoires : emballage, transport, acheminement, vente, retour des recettes. Une vraie petite entreprise de logistique à fort potentiel de développement, grâce à des recettes plus que confortables : la marchandise était revendue dix fois plus cher à New York après avoir été traitée dans les labos français. Des marges bénéficiaires colossales pour chaque intervenant, donc. Et encore plus pour leurs commanditaires, que Pierrot ne citera jamais. Le rêve américain des nouveaux petits princes noirs du Vieux Port et de la baie des Anges. La Bonne Mère et Sainte Rita leur pardonnent, à l'époque pas un kakou de la Promenade des Anglais, pas un petit dur de la Belle de Mai pour en douter : après tout, cette merde – l'héroïne –, ne l'envoient-ils pas loin, de l'autre côté de l'Atlantique ? En France, la drogue n'est ni un problème, ni une préoccupation politique à cette époque. Elle ne crée aucun désordre moral ou social majeur dans le pays. La guerre contre cette filière sera vigoureusement dopée par l'intervention des services spécialisés des États-Unis, qui critiquent le laxisme de Paris vis-à-vis de cette mafia française. Ils lui donneront un nom, resté célèbre : la French Connection.

Au quotidien, dans l'équipe à laquelle appartient Pierrot, chacun a sa spécialité. Le contact avec les labos, le recrutement des passeurs, la recherche, la transformation et le chargement des véhicules, les voyages, la vente, le rapatriement de l'argent, etc. Mais il faut aussi parfois retrousser ses manches, et prendre soi-même complètement les choses en main, surtout au début. C'est une aventure beaucoup plus artisanale qu'on ne l'a parfois imaginée, ou relatée dans films et romans. La French Connection, vue de près, c'était comme ça :

> Le premier à faire le voyage dans une Citroën aménagée, ç'a été Jeannot Lucchesi, mon pote. Il a testé le système, et le trajet. Il y a eu quelques mulets, dont cet artiste fantaisiste qu'on avait recruté contre mon avis, ou le manager d'un groupe de musiciens à la mode, qu'on a retrouvé avec nous au tribunal sans le connaître vraiment, cinq ans plus tard. Nous avons souvent choisi des caves insoupçonnables. À chaque fois, c'était soixante-dix à quatre-vingts kilos de came qu'on dissimulait dans le faux plancher d'une DS. Il y avait déjà eu une douzaine de voyages quand j'ai dû remplacer un mec qui s'est dégonflé au dernier moment, au mois de novembre 1969. On avait tellement trafiqué ma DS Super D que la hauteur inhabituelle du plancher rendait les pédales un peu difficiles à manœuvrer, leur course étant trop raccourcie. Mais, en ce temps-là, les techniques d'investigation des douanes et des Stups n'étaient pas aussi performantes qu'aujourd'hui, ni les yeux des fonctionnaires aussi bien exercés.
>
> Je suis parti de Bilbao sur le cargo espagnol *El Guadalupe* où j'ai pu changer in extremis les noms des passagers pour qui nous avions d'abord réservé. Le mien et celui de ma compagne Marie leur ont été substitués. Marie, c'était un joli tapin dont j'ai d'abord fait mon gagne-pain puis ma

deuxième épouse en 1973. Quant à la Citroën fourrée à l'héro, aucun problème, elle était déjà inscrite pour le voyage.

Une croisière ? Une galère plutôt. À ma place, tous les durs que je connaissais auraient baissé les bras. Mais j'ai tenu bon, et je suis allé au bout de l'histoire. Après un cabotage entre Santander, la Corogne en Espagne, Vigo et Porto au Portugal, le cargo *El Guadalupe* a pris le large en direction de Porto Rico, puis Veracruz, au Mexique. Au large de Santo Domingo, un important incendie se déclare à bord. Je ne perds pas mon sang-froid : je m'empare d'un extincteur, et je me bats pour sauver ma voiture des flammes. Bien sûr, ce n'est pas pour la DS elle-même que je me fais du souci... Mon audace a été d'autant plus utile que tous les autres véhicules embarqués ont brûlé ! Le navire fait donc une escale express à Santo Domingo pour décharger les carcasses de toutes les voitures calcinées, sauf la mienne, restée intacte. Dix-huit jours après avoir levé l'ancre à Bilbao, nous accostons à Porto Rico, où le cargo est consigné à quai pendant trois jours : il s'agit pour la police locale de procéder à un contrôle des cinquante-deux passagers. Les poulets ont installé leurs bureaux sur le pont. Marie se présente à eux avec ses papiers et les miens, et je me tiens prêt à sauter à l'eau à la moindre alerte, au moindre signal. Mais tout se passe bien, et nous repartons vers le Mexique après quarante-huit heures très agréables à faire la nouba à San Juan.

Il y a foule au port de Veracruz quand nous arrivons enfin à destination : les badauds amassés sont venus voir le bateau rescapé, et la seule voiture qui ait échappé au feu. Tous ces gens la regardent débarquer avec curiosité, notre jolie DS immatriculée en France, des commentaires joyeux fusent, je me demande s'ils ne vont pas se mettre à applaudir l'arrivée de mes quatre-vingts kilos de came ! C'est un stress nouveau, je n'ai connu jusque-là que l'adrénaline des braquages. Mais tout se passe sans accroc.

Ma chérie et moi roulons jusqu'à Mexico. Nous prenons une chambre à l'hôtel Isabelle la Catholique, dans la vieille ville. N'ayant pas eu le temps de faire viser nos passeports à Genève pour l'entrée aux USA à cause du caractère imprévu et précipité de notre départ de Marseille, nous nous rendons Marie et moi à l'ambassade, dès l'ouverture à neuf heures du matin. Marie y entre seule. J'attends dans la voiture, à cinq cents mètres. J'ai le trac, parce que c'est la première fois que j'affronte à l'étranger, sous ma véritable identité, l'administration américaine. Je ne sais pas ce qu'elle connaît de moi. Je me dis que je vais peut-être avoir à me reprocher cette décision de dernière minute, quand je me suis porté volontaire pour remplacer les passeurs défaillants. Rien n'est plus dangereux que l'improvisation à ce niveau de risque. Je fume à la chaîne, d'autant plus que Marie ne ressort pas. Dix heures, onze heures, midi : un paquet et demi de clopes plus tard, quand je la vois enfin marcher à ma rencontre, elle me dépasse sans me regarder. J'ai compris : il y a un problème. Je la rejoins deux cents mètres plus loin. Effectivement, les Américains ont téléphoné à Marseille pour se renseigner. Ils ont même facturé et fait payer la communication à Marie. *« J'ai les visas, mais ils enquêtent sur toi »* me dit-elle. La réponse qu'ils ont reçue dans un premier temps me met en alerte : *« connu des services de police »*, mais pas *« recherché »*. En un mot, je suis sur le fil du rasoir.

Un contact avec ma base, par téléphone : Mimi Regazzi et Jeannot Lucchesi me conseillent de laisser tomber, de bazarder la voiture et sa cargaison, de me faire la malle. Mais je pense différemment : le fait que la voiture ait échappé à l'incendie pendant la traversée, j'y vois un signe de chance.

Dans le même mouvement, j'appelle aussi un jeune étudiant mexicain dont nous avons fait la connaissance sur le bateau. Il revenait d'Espagne avec deux copains, et je les ai couvés comme un père, les faisant profiter de mon argent. L'un d'entre eux m'avait laissé un numéro de téléphone à Mexico. Heureux de me retrouver, il nous donne rendez-vous au restaurant français Le Normandie. Il y arrive en voiture américaine avec chauffeur, et nous emporte, à travers les quartiers chic de la capitale, vers la magnifique maison de ses parents.

Domestiques, apéritifs, nous sommes choyés, puis présentés à son père et à sa mère, ainsi qu'à ses trois frères et sœurs. Tout le monde parle un excellent français, ce qui nous permet de raconter notre odyssée maritime, et de rire beaucoup. D'apprendre aussi que le père, M. Medina, est ministre dans l'actuel gouvernement du pays, rien que ça ! Les parents insistent pour me remercier au nom de leur fils, mais c'est moi qui décide d'inviter toute la famille dans un très bon restaurant. Le dîner se déroule dans la bonne humeur et les échanges d'histoires drôles, sur fond de musique française. Les parents nous conseillent de changer d'hôtel pour nous installer dans un établissement plus huppé – et d'après eux plus sûr – du New Mexico. Tant mieux pour la mise en sécurité de ma cargaison…

Comme ils ne veulent pas être en reste, c'est une invitation à les accompagner à une réception qui nous est faite à la fin du dîner.

La villa devant laquelle nous arrêtons la DS le lendemain soir, toujours avec sa cargaison, est un véritable palais. C'est la résidence privée du Premier ministre. De grosses voitures noires sont garées sous la surveillance d'un impressionnant service de sécurité. Il y a des hommes armés partout autour de moi. Dans mon smoking, je transpire un peu, et mon nœud papillon me semble aussi serré que le nœud coulant d'une corde de pendu, mais il me suffit de me souvenir que nous sommes chez des amis, je n'ai rien à craindre.

Les femmes sont dans un salon, les hommes, une quarantaine parmi lesquels plusieurs ministres, dans une autre pièce. Machos, les Mexicains ! Beaucoup pratiquent le français, ce qui me rend la soirée agréable. Ils ont tous une grande admiration pour le général de Gaulle, un chef comme on les aime là-bas. Certains l'ont rencontré lors de sa visite au Mexique en mars 1964, quand il a prononcé sur la place Zócalo, aux côtés du président López Mateos, et devant des centaines de milliers de Mexicains envoûtés le fameux discours : *« Marchamos la mano en la mano »*. On me parle encore du drapeau pris à l'armée de Juárez par l'armée française, pendant la guerre d'indépendance, que le Général avait apporté avec lui pour le rendre aux Mexicains. Ils n'ont pas oublié et, en tant que Français, je suis traité comme un prince.

Après la réception, qui était une sorte de petite fête de fin d'année entre ministres et personnel des ministères, dîner au domicile des Médina, notre famille d'accueil, puis virée en boîte de nuit avec les enfants du couple. L'aîné des fils veut conduire ma DS – il n'en a jamais vu, et je lui laisse volontiers le volant. Jusqu'à ce qu'un barrage de police nous stoppe en pleine euphorie. Le jeune homme descend du véhicule, se fait connaître, et nous repartons vers la discothèque. Cette fois, deux motards nous ouvrent la route. À trente-cinq ans, peu de chose m'étonne encore, mais cette soirée-là, oui, je la trouve stupéfiante, si l'on peut dire... Quatre-vingts kilos de came escortés par des motards de la police, qu'est-ce que c'est beau ! Une histoire marseillaise. Sauf que, même à Marseille, ils n'y croiraient pas !

Je n'ai jamais revu les Medina, je ne sais pas ce qu'ils sont devenus. J'espère seulement qu'ils n'ont pas eu d'ennuis par la suite à cause de moi.

Nous sommes restés quelques jours de plus dans ce havre de paix et d'amitié, et puis il a bien fallu m'y résoudre : le but de mon voyage, n'est pas le Mexique, mais les États-Unis.

Nous avons repris la route, et j'ai décidé de passer aux États-Unis à Monterrey-Laredo. Après un bon repas, quand même, pris dans un des nombreux snacks et restos situés juste avant la frontière.

XI

AMERICAN CONNECTION

Vingtième dans la file des véhicules qui avancent vers les contrôles de la frontière, je me retrouve en tête de file sous le regard de quatre flics lourdement armés qui nous font comprendre qu'il faut garer la voiture sur le côté.

Ils nous font quitter nos sièges, et entrer dans un bâtiment des douanes. Nous allons y être interrogés de 14 h 45 jusqu'à 21 h 45. Pendant qu'un type nous cuisine gentiment, les ailes de la DS ont été démontées, elles sont posées par terre. Ils n'ont rien trouvé. Nos valises sont alors complètement vidées et passées au peigne fin, sous l'œil amusé des gabelous qui matent la collection de dessous affriolants de Marie. Leur bobonne ne porte certainement pas les mêmes dentelles à la maison. Aussi, c'est avec un peu d'admiration et d'envie que les fonctionnaires nous rendent nos papiers, et, après quelques excuses, nous souhaitent bonne route.

Je roule jusqu'à ce que la fatigue m'oblige à un arrêt dans un motel, mais assez longtemps quand même pour nous éloigner de la frontière et de ses dangers.

Mon premier geste sur le sol américain, c'est l'envoi d'un télégramme à Marseille : *« Marie est inscrite à l'université de Floride »* pour faire savoir à mes amis que je suis arrivé aux États-Unis, avec la marchandise.

À raison de quatre cents kilomètres quotidiens, j'ai compté qu'il faut huit jours pour rallier New York. La route est tranquille, avec des moments étranges comme cette portion de trajet où nous transportons un curé que nous avons pris en stop. Le brave homme n'a évidemment jamais su qu'il s'était assis sur la poudre du diable.

Un hôtel avec parking souterrain dans la Cinquante-deuxième rue, bien à l'abri des regards indiscrets, le but du voyage est atteint : New York ! C'est là que j'ai rendez-vous pour la livraison, dans l'un des bars du Novotel, à l'intérieur du Rockefeller Center, en plein centre de Manhattan. Le lieu a été fixé à Marseille, au cours d'une réunion « en famille ». Première précaution, une reconnaissance pour le rendez-vous du lendemain. Deuxième précaution, deux heures d'avance sur l'heure prévue, le jour du rendez-vous, pour observer l'environnement. En me rendant chez le marchand de journaux pour y acheter la presse française, je repère deux gars qui parlent français, je leur colle un moment au train : ils parlent de moi, les deux zigues ! L'un d'eux se retourne, je crois reconnaître un visage déjà vu, mais je ne pipe pas mot, je me dirige vers le bar, point de contact prévu. Je m'installe.

Je pose mes journaux français et, juste à côté, signe de reconnaissance décidé d'avance, un paquet de Gitanes bleues, avec, dessus, bien en évidence, un briquet Dupont.

Les deux mecs de tout à l'heure se pointent, passent deux fois devant moi, mais ils n'ont dans les mains ni Gitanes ni Dupont pour se faire reconnaître.

L'un des deux se dirige finalement vers moi, s'adresse à moi en français. Je feins de l'ignorer. Le cave insiste, et m'avoue qu'il a fumé les clopes et oublié le briquet ! Je lève les yeux sur lui, il dit me connaître depuis longtemps, et finit par me convaincre. Je rentre tout de même dans une colère noire, lui reprochant avec fracas, ainsi qu'à son collègue, leur amateurisme. Je suis exaspéré, mais surtout très vigilant.

Mes amis de Marseille m'ont conseillé la plus grande prudence, y compris avec mes contacts, avant même mon départ de France. *« Fais en sorte qu'ils perdent ta trace dès que tout est bouclé »* m'ont-ils prévenu.

Je ne me calme que pour considérer avec mes correspondants les procédures de livraison. Trois voitures sont là pour m'escorter, et c'est dans l'une d'entre elles que je fais le chemin jusqu'à mon hôtel pour récupérer la DS. En convoi, ils me guident à travers des dédales de rues et, après le passage d'un pont, vers un quartier de maisons particulières. Le portail d'une grande villa s'ouvre, puis se referme derrière nous. Je peux souffler. Le voyage se termine. Le client, un Argentin, est aux anges. L'opération est réussie. Le roi du tango et ses comparses m'apportent l'argent du convoyage, et de deux précédentes livraisons qui étaient encore dues. Les convoyeurs s'étaient déballonnés et avaient refusé de rapporter l'argent.

Ma Citroën Super D est farcie de dollars, environ deux milliards quatre cents millions de l'époque (quatre millions d'euros) en gros paquets de billets de cent.

Mes deux contacts me raccompagnent à mon hôtel, où je récupère Marie. Ils me proposent de m'aider à sortir du pays, mais, après une accolade, je leur dis de m'oublier : je me débrouillerai seul. Dès qu'ils sont partis, je règle la chambre, et nous changeons d'hôtel. Je ne fais confiance à personne, en dehors de Marie, et de mes quelques potes, en France. La France, il s'agit d'y retourner, justement. Pas facile avec mon automobile transformée en fourgon de transport de fonds. Reprendre à l'envers le trajet aller, dangereux. Le Canada ? Nous sommes fin décembre, c'est le plein hiver, on oublie. Nous démarchons les agences de voyages, et trouvons enfin notre bonheur : une importante agence italienne, qui gère un bateau de luxe. Je ne sais plus si c'était le *Michelangelo*, ou le *Raffaello*... Cette agence propose une croisière-réveillon en Europe, départ de New York dans quatre jours, juste avant la nouvelle année.

Il ne faut pas manquer cette occasion, et j'invite le directeur de l'agence à déjeuner, puis à dîner, avec une Marie provocante à damner un saint. Pendant le dîner, le gentil Rital a du mal à ne pas se jeter sur elle avant le dessert. Je les laisse ensuite vivre leur vie toute la nuit et pendant toute la journée du lendemain. Pour Marie, cela ne pose aucun problème, elle est en service commandé. C'est son métier. C'est le mien de faire fructifier ses talents : nous « gagnons » donc une cabine réservée sur le beau bateau, et j'en suis très content. Dernière angoisse, il faut amener notre véhicule à quai deux jours avant le départ pour établir les formalités de transport. Pendant ces maudites quarante-huit heures, je vais passer mon temps à rôder autour du coffre-fort sur roues, qui attend son embarquement déguisé en automobile de marque Citroën.

Le paquebot *France*, le plus grand du monde, fait son entrée, toujours très remarquée, dans le port de New York, et attire une immense foule pour son accostage. Et puis, à mon grand soulagement, la DS est embarquée, nous montons à bord et voyons s'éloigner la côte américaine.

Nous sommes le 29 décembre 1969. Nous voguons vers Gênes, en Italie. La traversée n'est qu'une gigantesque fiesta ininterrompue, d'autant que le directeur de l'agence nous accompagne pour profiter des bonnes grâces de Marie, et de vacances pour lesquelles il a un alibi rêvé :

l'inspection de ses services à bord pendant le réveillon du jour de l'an. Et nous l'aidons à contrôler la qualité de tout : le champagne, la cuisine, la discothèque, les spectacles. Nous passons notre temps à danser, boire, manger, et faire l'amour. Une bonne bouffe à midi et un réveillon chaque soir ! Bonne année 1970, mon gros Pierrot !

Je décompresse après ce convoyage fou que je n'aurais jamais dû avoir à faire. Malgré tout, je me débrouille pour avoir accès en douce aux automobiles garées dans la soute, pour vérifier régulièrement la mienne.

Au cours d'une soirée de gala, Marie et moi sommes élus parmi les mille cinq cents passagers « couple de la croisière ». Cela fait naître un sourire sur le visage du directeur de l'agence et sur le mien, mais pour d'autres raisons.

Les adieux à nos compagnons, sur le quai du port de Gênes, sont sincères, mais vite oubliés. Je récupère mon coffre-fort à moteur. Grâce une fois de plus à Marie, qui distrait les gabelous, les contrôles de la douane et de la police ne sont qu'une formalité. Deux heures plus tard, nous sommes à Menton, puis à Marseille. Je me pointe à la Belle de Mai sans prévenir, chez mon ami Mimi Regazzi, qui tombe des nues en me voyant bronzé et en bonne santé. Il n'a plus eu de nouvelles de moi depuis le télégramme envoyé après la sortie du Mexique, et il a vraiment cru qu'il m'était arrivé quelque chose de grave. Un quart d'heure après, toute notre petite bande est là.

Je leur confie la caisse, le pognon. En attendant le partage, ils me donnent une grosse liasse, et je me suis éclipsé avec Marie, direction Chamonix, pour quelques semaines de repos.

Quelque temps après, j'ai eu ma part, et j'ai tout de suite pris la brasserie à Ménilmontant. Nous avons continué le trafic. Il y a peut-être eu une quinzaine de voyages, avec des passeurs rémunérés, et pas mal de pépins.

Je continue de penser aujourd'hui que la filière n'était pas bonne, et qu'elle était infiltrée. J'ai aussi suggéré un autre circuit, mais la force des habitudes est telle... La French Connection a capoté.

XII

LA SOURICIÈRE

Le 15 janvier 1973, je m'en souviens comme si c'était hier, les flics du commissaire Morin sont entrés dans mon bar de la rue Sorbier. Une volée de moineaux, à l'heure du déjeuner. J'étais fait comme un rat dans son trou. J'avais été prévenu de l'imminence de mon arrestation par un flic éméché de Carpentras avec qui j'avais fait la fête, et par un jeune avocat parisien qui venait boire chaque jour un kir dans mon bar. Je n'y avais pas cru.

À la même heure que moi, le même jour, Jean-Baptiste Croce et Joseph Mari tombent à Marseille. Pendant six jours, Marcel Morin et ses hommes m'interrogent rue des Saussaies. Un flic américain est venu tout exprès pour me passer au tourniquet. Marie aussi est mise sur le gril. Mais ils n'apprennent rien de moi, ni d'elle d'ailleurs. Sinon l'attendrissante romance du pauvre type amoureux d'une prostituée, qui la sauve du turbin en l'emmenant en voyage amoureux. Notre seule Bible, c'est la collection Arlequin. Ils n'en croient pas un traître mot.

De la prison de la Santé, je suis transféré aux Baumettes, à Marseille. Le juge Saurel commence son instruction, mais je continue à tout nier. Le combat avec le juge est dur, acharné. On me confronte plusieurs fois à Jeannot Lucchesi, mon ami le plus cher, bien compromis dans l'histoire. Imperméable à l'ironie et aux pressions qu'on me fait subir, je prétends ne pas le connaître, comme aucun autre des inculpés, d'ailleurs. Il faut être dans la mauvaise foi comme un aigle dans le ciel.

Saurel veut mon scalp, il me le dit d'entrée : *« Je vais vous faire prendre vingt ans. »* De la force, il passe à la ruse, à la torture mentale, à la provoc. C'est le jeu, et le juge tient les cartes. Il me dit qu'il doit se rendre aux USA, et qu'il me libérera si son enquête là-bas ne lui apprend rien de plus sur moi. À son retour, il n'a pas l'ombre d'une preuve. Avec mon avocat d'Avignon, Maître Henri Coupon – ce fut aussi le président de mon club de rugby quand je jouais à Avignon – nous déposons une demande de mise en liberté provisoire. Elle m'est refusée ! En plus, Marie est la seule femme encore incarcérée, alors que les autres compagnes ou épouses ont été relâchées.

Le juge Saurel a juré de me faire la guerre jusqu'au bout, et il tient parole. Aux grands maux les grands remèdes, le Gros Pierrot entame le pire régime amaigrissant de sa vie : je me mets en grève de la faim en février, mars et avril 1973 pendant soixante-cinq jours.

La souricière

Je ne me suis réalimenté qu'après la remise en liberté de Marie. Tiens, j'étais si mince qu'on aurait pu me glisser sous une porte! Tout de suite, j'ai épousé Marie en prison : plat comme un *« stockfish »* j'avais presque l'air d'un premier communiant.

XIII

TOUL, SON CASINO, SA PLAGE

17 juin 1974. Quarante-cinq jours de procès entre Marseille et Aix-en-Provence, pour l'appel. C'est le procès historique de la French Connection. Tous les ténors du barreau (pour Croce, Isorni remplace Badinter après la période de l'instruction), Giudicelli, Kleniec, Pollack, Lombard, Juramy... De plus jeunes talents, pas encore célèbres, sont aussi recrutés, comme Gilbert Collard, qui n'avait que vingt-six ans, ou Jean-Louis Pelletier, qui a la lourde tâche de me défendre. En tout, ils sont vingt-trois baveux.

Dans le box, les accusés ne répondent pas tous à l'appel. Étienne Mosca est mort pendant sa grève de la faim, Joseph Mari a succombé à un cancer avant le procès. Ils seront jugés par contumace. Jeannot Lucchesi est représenté mais absent, il est hospitalisé. Il a toujours eu de gros problèmes de santé, côté reins et côté cœur, mais il est suivi par un excellent médecin, Robert Vigouroux, qui deviendra maire de Marseille et prend soin de lui comme d'un ami. Ange Mosca est en grève de la faim, on le porte sur une civière pour comparaître. Le dossier de Barthélemy Regazzi a été dissocié, Joseph Marot est en cavale, Jean-Pierre Pilatto en prison en Espagne, suite à un convoyage qui a foiré à Porto Rico, Fernand Chaffard, qui a été pris avec lui, est incarcéré avec nous à Marseille... Les inculpés présents nient tout, crient au complot. Ce qui n'impressionne pas l'avocat des douanes, partie civile dans l'affaire, lequel nous en met plein les gencives. Il est juste derrière moi quand il réclame des amendes d'un milliard de centimes par tête! C'est tellement énorme que j'enlève une de mes espadrilles, bleue, de taulard, et je la tends au président en disant : *« Tenez, voilà une avance! »* Jean-Bati se gondole.

Les prévenus ne rigolent pas longtemps : les peines tombent.

Globalement : cent quatre-vingt-onze ans de prison! Amendes : huit milliards pour avoir passé ensemble une tonne d'héroïne – les coinculpés font carton plein. Le verdict épargne relativement Hernandez, qui n'en prend que pour cinq ans (grâce à sa sortie des États-Unis juste trois jours avant le 1er janvier 1970, date à laquelle la loi fait passer le tarif pour trafic de drogue de cinq à vingt ans de prison). Quelques sursis suspendus au-dessus de sa tête lui valent trois ans de plus. Pour enjoliver la pâtisserie, les juges ajoutent une couche de crème et quelques bougies : privation des droits civiques, suppression du permis de conduire, du passeport, assignation à résidence dans le nord-est de la France après la prison… Il est tricard, le Gros Pierrot, et pour longtemps ! Aujourd'hui, trente-sept ans après, en dépit de plusieurs demandes, il n'a toujours pas le droit de voter.

Même si les paysages autour d'une prison ne changent rien à la vie d'un détenu, son incarcération à la centrale de Toul sonne comme un exil vers le froid et la grisaille. Coup de blues, Pierrot et Marie divorcent, elle a sa vie à faire, et Pierrot le comprend. Elle veut changer de milieu, d'horizon, et elle y réussira très bien. Elle est devenue une bourgeoise aussi exemplaire qu'elle fut une parfaite femme de voyou.

La chance n'abandonne pas Pierrot. Hélène Dorlhac vient de devenir secrétaire d'État à la condition pénitentiaire le 8 juin dans le cabinet de Jacques Chirac, après l'élection, le mois précédent, de Valéry Giscard d'Estaing à la présidence de la République. Elle inaugure une politique pénitentiaire plus humaine, avec l'avènement d'un régime de permissions très souple.

Quand ma pauvre mère est morte, en mai 1975, j'ai pu aller à son enterrement. C'est difficile à croire aujourd'hui : on m'a préparé mon costume, donné un billet de train aller-retour, et je suis parti à Carpentras seul, sans escorte, comme un premier communiant ! Je suis rentré au bercail sagement après cette première permission. J'en ai obtenu une deuxième, je suis revenu dans ma cage. À la troisième, en octobre 1975, je me suis fait la malle. Bye bye Toul, son casino, sa plage… J'ai quarante ans, et toutes mes dents. Je suis aussi libre que peut l'être un clandestin. Désormais, je vais vivre de mauvais coups sous des noms d'emprunt, pendant treize ans. C'est un exercice difficile, une épreuve nerveuse à nulle autre pareille. Et la fin de toute vie familiale. Pour ne pas être pris, il faut rompre avec le passé, et avec tous ceux qu'on y laisse, à contrecœur, les larmes aux yeux, et les poings serrés. Tous ceux qui ont dérogé à cette règle ont été repris en moins de temps qu'il ne faut pour le dire.

XIV

EXPATRIÉ

D'Espagne et d'Allemagne, où il vit sous une fausse identité, Jean-Pierre Hernandez rétablit ses contacts avec ses amis du Milieu. Zampa et Fargette lui envoient des voitures volées, des informations, quelques bons plans, du camembert… Jeannot Lucchesi est comme lui en cavale. Il se cache en Italie. Les deux compères se téléphonent plusieurs fois par semaine, ou s'envoient des messagers. L'un d'eux n'est autre que Marc Monge, un jeune chien fou que Pierrot a vu naître.

Ce jeune dur à cuire deviendra l'un des voyous les plus en vue du sud de la France, et le patron intransigeant des « machines à sous », ces jeux électriques et électroniques illégalement mis à la disposition de la clientèle dans les bistrots. Des machines si rémunératrices qu'elles seront l'objet d'une guerre impitoyable.

À l'époque, son père Serge m'a supplié de l'emmener avec moi en Allemagne, parce que, à vingt ans, il faisait connerie sur connerie. Serge était un ami, son fils était pour moi comme un neveu : à Carpentras, j'ai partagé la petite enfance de son père (à la crèche, sa mère Agnès lui donnait le sein droit quand elle me donnait le gauche!). Plus tard, il a mis Ginette, une amie à moi, enceinte. Marc est né de cette aventure. J'ai l'impression de l'avoir presque accouché, le petit.

Marc est monté sur son premier braquage avec moi, en Belgique. Il n'avait peur de rien. C'était un chauffeur exceptionnel. Plusieurs fois, il nous a arrachés de situations très compromises. Mais il était confus, un peu fou : le jour de sa première fois, il avait oublié son calibre et son portefeuille sur la banquette de la voiture relais. On a été obligé de retrouver ce véhicule pour récupérer ses affaires. Il avait des comportements bizarres, violents ou carrément imprévisibles, comme de devenir très ami avec un type qui était venu pour le tuer en Avignon, en plein jour, dans une pizzeria. Alors qu'habituellement, il se montrait implacable pour beaucoup moins que ça. La mort accidentelle de sa femme Marie-Ange, écrasée par une voiture en traversant une rue, l'a rendu encore plus incohérent. Souvent, il se mettait dans son tort par simple manque de réflexion. Je suis allé le sortir de la cave deux fois, vivant, mais de justesse. Il a pris du galon peu à peu. Ce n'était pas une balance, comme certains se sont permis de le dire.

Il avait tout pour devenir un Fargette, c'est-à-dire un vrai caïd, sauf la tête froide. Plus tard, il a rencontré par mon intermédiaire Tany et Jeannot Lucchesi à Monteux au Bar du Midi, chez mon frère Simon. J'avais aussi favorisé un rapprochement entre Marseille et Toulon en amenant Jeannot Lucchesi au bar Le Cintra, boulevard de Strasbourg, à Toulon, pour faire la connaissance de Fargette. J'ai toujours pensé, comme dans la chanson, que si tous les mauvais garçons du monde voulaient se donner la main… Enfin, c'est mon seul côté sentimental, disons-le comme ça ! J'ai été très contrarié quand j'ai su que Zampa avait passé la main à Marc sur les machines à sous. Je l'ai dit à Jeannot et à Tany. Marc n'avait pas l'équilibre nerveux pour gérer un secteur aussi sensible, et c'était l'exposer beaucoup que de le lui confier.

L'exécution de Serge – l'ami d'enfance de Pierrot, le père de Marc –, dont le corps est retrouvé carbonisé dans la Drôme, en octobre 1977, suite à un règlement de comptes, ne fait qu'accentuer la violence innée de Marc Monge. Il est déjà sous pression à cause d'une guerre sauvage pour le contrôle des « baraques à sous » qui provoque des dizaines de morts dans tout le sud de la France. Dans les années 1980 et 1990, il se fâche avec trop de monde pour ne pas en subir les conséquences. Il tombe finalement dans un piège, en se rendant à une vente aux enchères en région parisienne. Ses tueurs lui auraient donné rendez-vous sous un faux prétexte. Ils l'attendent à Saint-Ouen, et l'abattent de sang-froid, en début d'après-midi, au huitième jour de l'an 2000. Comme souvent dans le Milieu, on peut dire que c'était écrit.

Pour Marc comme pour tout un chacun, on croit après coup que les choses auraient pu être différentes, mais ce n'est pas vrai. Chacun vit sa vie, et on ne peut pas empêcher les gens de suivre leur chemin, bon ou mauvais. Je n'ai moi-même aucune leçon à donner, même si je n'ai cessé de faire fonctionner ma cervelle à laquelle j'ai toujours obéi plus qu'à mes impulsions. Sauf pour les femmes, l'autre grande affaire de ma vie! Je les ai toujours aimées, et elles me l'ont bien rendu : les femmes aiment les voyous... Mais elles ne m'ont jamais fait perdre la tête.

Il a tout de même fallu que j'aie aussi beaucoup de chance pour m'en tirer. Une seule fois, une équipe s'est mis en tête de me les filer. Ils m'ont attendu près de chez moi. Je suis revenu à mon domicile dans une Peugeot, alors que j'en étais parti le matin dans une petite Honda deux places, une rareté, facilement repérable. Mon garagiste a voulu me l'acheter pour son fils. Je la lui ai offerte et, en échange, il m'a donné ce qu'il avait de mieux dans son parc d'occasions. Du coup, ceux qui voulaient me supprimer ne m'ont pas vu arriver. En revanche, j'ai pu les repérer, les identifier, et prendre la tangente. Plus tard, ils ont appris de quel bois je me chauffe...

XV

SECRETS DE BRAQUEUR

Au téléphone, à plusieurs reprises, Jeannot m'a confirmé ce que Tany m'avait déjà dit. Il voulait me convaincre de rester avec eux dans le Sud. Il m'avait confié qu'ils étaient en train de mettre un pied dans les casinos de la Côte d'Azur, et qu'on me ferait manger dessus quand les choses seraient au point. J'étais quand même resté à bonne distance de Marseille et de Nice, en étant très clair avec Tany sur mon désaccord dans certains règlements de comptes. Il ne m'en a jamais voulu, pas plus que quand je lui ai dit que, avec le Mat, ils avaient gravement déconné. Il disait souvent en se moquant de mon nez cassé de rugbyman : *« Pierrot, ne te fais jamais refaire ton gros nez, il t'a toujours permis de voir plus loin que tout le monde. »* Les casinos revenaient dans les propos du Grand – c'est comme ça qu'on surnommait aussi Tany – et de Jeannot, toutes ces années-là. Tany semblait avoir reçu des assurances qu'il serait dans le coup. Ou alors, il s'était imposé. En tout cas, il parlait des casinos en initié, comme d'un territoire acquis.

C'était « la » grande affaire, et j'y avais ma part réservée, comme toujours avec Zampa.

Dans le Milieu, on le tient pour établi : c'est la concurrence entre Gaëtan Zampa et Jacky Imbert pour se tailler une part dans le business des casinos de Nice qui a déclenché la guerre entre eux. Jean-Dominique Fratoni, le patron du Ruhl, qui visait à établir sa suprématie sur l'industrie des jeux à Nice pour en faire un Las Vegas français, se serait retrouvé pris entre les prétentions des uns et des autres. Entre ses promesses aux uns, et la jalousie, ou les revendications des autres : entre deux feux. Cela alors même qu'il ferraillait à la fois contre la justice, le fisc, contre Lucien Barrière, le tycoon des casinos à Deauville et à Cannes, et contre Renée Le Roux, à Nice, pour avaler son Palais de la Méditerranée et constituer sa mégapole du jeu.

Les interférences ne sont pas rares entre le monde des casinos et le Milieu. On peut même les qualifier de traditionnelles. Les voyous ont toujours tourné autour de la lumière des « casingues » comme des papillons autour d'une lampe. Pour leur proposer leur protection, les racketter, ce qui revient au même quelquefois, pour blanchir leur argent liquide, ou pour y investir en sous-main… Avec les discothèques, les casinos sont l'une des portes royales du monde de la nuit, vitrines paradisiaques et antichambres de l'enfer : le décor des néons et des strass, les batailles de fleurs, les soirées brillantes, la bonhomie du Midi, dissimulent en coulisses de mortelles luttes d'intérêts dont les appels d'offres et la comptabilité se font en ce temps-là, sur la Côte, au calibre 11.43. Que celle ou celui qui prétend avoir tenu un grand casino dans ces années-là sans avoir senti le souffle de « la bête » lève le doigt. Il ira au coin, avec le bonnet d'âne des menteurs.

Dans sa cavale record, Pierrot n'est pas en vacances. Loin de Nice et de Marseille, loin de ses amis et alliés de la bande à Tany, il ne doit compter que sur lui-même. Il lui faut beaucoup d'argent pour vivre dans la clandestinité. Il va le chercher à sa façon, la seule qu'il connaisse : le calibre à la main. Les casinos, quand il en entendra parler à nouveau, on le verra, ce ne sera pas précisément pour « en croquer ». En attendant, il faut vivre, et reprendre la trousse à outils…

> Avec mes faux papiers, j'ai navigué en Europe : six mois en Espagne, six mois en Allemagne, avec des séjours en Belgique et en Hollande. Et, bien entendu, en France. Je me suis mis à braquer avec différentes équipes, en sautant les frontières. En Allemagne, j'ai été arrêté avec Marc Monge, et nous avons fait quelques mois de prison. À Paris, on a donné le tournis aux flics. Quelquefois, c'était un braquo le matin, un l'après-midi. Je collaborais, entre autres, avec Jean-Pierre Le Pape et Dédé Gau, les patrons de la banlieue Sud. Ils ont été les vrais inventeurs du gang

des Postiches. Dédé, c'était un bon gars. Il a été tué par balles dans des circonstances bizarres, alors qu'il était en compagnie de Henri Botey, le roi des macs de Pigalle, et de Jean-Pierre Le Pape. Le Pape a été assassiné plus tard. Il n'était pas l'avare ni le vantard qu'on a parfois décrit, je peux l'assurer. Quand je montais des affaires avec eux, c'était du velours.

À un moment donné, nous avons touché un joker infaillible, qui a changé notre vie, et nous a permis de réussir des coups incroyables. Un truc qui nous permettait de rester presque aussi longtemps qu'on le voulait à l'intérieur des banques où nous entrions en douce, ce que ni la police ni personne n'a jamais compris. Les flics ne savent toujours pas, et personne n'a vendu la mèche. Aujourd'hui, je pense qu'il y a prescription.

Par des intermédiaires niçois, nous avions acquis la complicité de deux techniciens de chez Fichet et Bauche, qui venaient trafiquer les systèmes d'alarme avant notre intrusion, et les remettaient en route après notre départ. Avec ces deux-là, on travaillait vraiment dans la crème. Ce n'était pas des coups à l'arraché, le calibre à la main, où tout peut arriver. Parfois le pire. On les choyait, nos « débranches » : c'est comme ça qu'on les appelait entre nous. Celui de Nice montait sur les coups qu'on faisait à Paris, et celui de Paris descendait travailler sur nos acrobaties dans le Sud. Ils ouvraient les boîtiers, et changeaient les réglages pour éviter qu'un très haut niveau de vibrations – celui de nos travaux de percement de murs et de coffres – ne déclenche les alarmes. Si nos travaux duraient, ils déréglaient chaque jour et remettaient ensuite en place les réglages initiaux. Je crois me souvenir que le réglage d'alarme, qui tolérait par exemple le passage d'un camion, était à 110. Je les ai vus travailler sans comprendre exactement comment ils opéraient, mais c'était parfaitement efficace. Beaucoup de gros coups de ces années-là, on ne peut pas comprendre comment ils ont réussi si on n'a pas cette information. Évidemment, je ne la rends publique que parce que le temps a passé, et que les méthodes ont changé. Ce fut vraiment un âge d'or : le gang des Postiches, l'équipe du casse de la Société générale à Nice celle des égouts de Nice, et celle, opérant sept ans plus tard avec la même technique, par les égouts, au CCF de Cannes, ont employé cette botte secrète : la complicité de techniciens professionnels de la sécurité et des alarmes.

XVI

LES CASINOS, LA GUERRE

Le banditisme des années 1970 se veut spectaculaire, innovant. Avec la drogue, il y a des capitaux, des bénéfices importants et, avec l'argent, on peut monter des équipes, des gros coups, acheter des complicités, voir grand. L'illustration la plus célèbre de ce dynamisme conquérant, c'est ce qu'il est convenu d'appeler le casse du Siècle de la Société générale, à Nice. Nice déjà, ville de tourisme, de casinos et « d'affaires » en tous genres… Celle-ci, à laquelle nous avons déjà fait allusion, est connue sous d'autres appellations tout aussi célèbres : l'affaire Spaggiari, du nom d'Albert Spaggiari, qui y apposa sa signature, ou le casse des égouts de Nice, formulation qui évoque la voie originale par laquelle les gangsters s'étaient introduits dans la banque, les 16, 17 et 18 juillet 1976.

1977, c'est *Apocalypse Now* dans le Milieu : le casse-pipe systématique. Ça flingue à tout-va. Une éternelle partie de poker menteur et de coups fourrés. À une guerre des boîtes de nuit succède une guerre des cercles de jeux, puis une guerre des machines à sous à une guerre des casinos, sans oublier les hécatombes provoquées par la concurrence sur le marché de la drogue ou sur les territoires voués au racket. Guerre après guerre, le pouvoir change de main. Jusqu'à la prochaine rafale de règlements de comptes. C'est la rançon de l'éclatement de l'empire Guérini. Succédant à l'omnipotence de Carbone et Spirito, celle d'Antoine Guérini et de ses frères avait assuré la paix en annihilant toute concurrence. Ce n'est plus le cas, les nouveaux caïds se disputent le moindre petit os comme des chiens.

Cette année-là, la guerre de Zampa contre Imbert, les deux ex-frères siamois, bat son plein. Pas une semaine sans un nouveau cadavre. La machine s'emballe. On ne vise plus, on arrose. Avec, fatalement, des dégâts collatéraux. On se livre à des calculs baroques sur les manipulations les plus tordues, et les coups de billards à trois bandes. Parmi les méthodes éprouvées : une exécution nantie d'une « *fausse signature* », pour attirer la vengeance sur celui qu'on fait passer pour l'assassin. Ainsi procédèrent à leurs débuts les frères Zemour, truands issus de la diaspora d'Afrique du Nord montés à Paris. Pour provoquer une vendetta mortelle entre les deux familles qui régnaient sur le IXe arrondissement de Paris, Gilbert, Edgar et William Zemour commanditèrent l'assassinat de Simon Atlan, chef de clan, en faisant porter le chapeau aux Perret, l'autre puissance locale. Les familles Atlan et Perret s'entre-tuèrent. Exsangues et décimés, ils laissèrent le trône vacant aux Zemour. Qui furent rayés à leur tour de la carte l'un après l'autre : William en 1975, tué par la police, Edgar en avril 1983, au fusil à lunettes, à Miami, et Gilbert en juillet de la même année, tiré comme un pigeon alors qu'il promenait son chien à Paris. Les deux derniers parce qu'ils avaient eu le tort de faire tuer Marcel Francisci, patron de cercles de jeux à Paris, en avril 1982. Après lui avoir d'ailleurs servi de bras armé dans sa lutte à mort contre l'autre clan corse des cercles de jeux parisiens, celui de Jean-Baptiste Andréani. On ne s'émancipe pas impunément d'un tel ex-patron, et on ne peut se permettre de le tuer sans que le chagrin de ses amis ne devienne un sérieux souci pour votre propre santé. Les Zemour se sont crus à tort affranchis de cette règle d'or.

Pour revenir à l'année 1977, une autre guerre, en apparence plus feutrée, fait rage sur la Côte d'Azur. Nous verrons qu'elle dégénéra en une conflagration généralisée. D'abord concurrence commerciale entre patrons de casinos, Fratoni et Barrière, puis conflit politique entre leurs amis politiques respectifs, Jacques Médecin *versus* les giscardiens du gouvernement, et, enfin, pomme de discorde et source de batailles sanglantes dans le Milieu. Entrée dans les annales sous le nom de « *guerre des casinos* », elle atteint son paroxysme cette année-là quand Jean-Dominique Fratoni, le patron expansionniste du Ruhl, établissement de jeux ouvert en 1974 sur la Promenade des Anglais, gagne la majorité au conseil d'administration du casino concurrent, le Palais de la Méditerranée. Le vieux Palais est en très mauvais état financier, mais sa directrice Renée Le Roux n'a pas voulu accepter les offres de rachat de son entreprenant confrère et voisin. Animée par une foi sans faille, elle dit non à tous ceux qui veulent entamer peu ou prou sa propriété, son pouvoir. Depuis des mois, des années, elle est le caillou de trop dans la chaussure de Fratoni, surtout préoccupé par les règlements de comptes politiciens entre Jacques Médecin, député-maire de Nice, son ami d'enfance – en rupture avec le régime en place après en avoir été ministre du Tourisme –, et un proche de Giscard, Michel d'Ornano, maire de Deauville et ami de Lucien Barrière, autre casinotier concurrent.

Renée Le Roux tente aussi de tirer son épingle du jeu dans cette mêlée générale. Les accusations publiques volent bas, les procès se multiplient , les injures sont monnaie courante. Les incidents se multiplient dans les salles de jeux. Parties truquées et clients indélicats qui ne règlent pas leurs dettes dans son Palais de la Méditerranée ? Renée Le Roux y voit la main de Fratoni. Parties truquées au Ruhl, et détournement de fonds organisés par certains croupiers, enquêtes sur des irrégularités au Palm Beach de Cannes… Scandales et opérations de déstabilisation s'enchaînent, prémices d'événements plus graves. Au point que deviendra même nécessaire à cette époque de faire le ménage dans la police, au sein de la Brigade des jeux, divisée en partisans de tel ou tel des casinotiers en lice !

Comme on cherche sous l'écorce terrestre les prémices d'un tremblement de terre, c'est dans l'histoire récente, et dans la psychologie de ses acteurs principaux, que l'on peut discerner les causes du cataclysme qui a bouleversé le monde des casinos. Pour être très précis, c'est en 1962 qu'éclate la première escarmouche, point de départ de « la guerre » qui sévit dans la petite corporation des casinotiers français. Cette année-là, l'Ardéchois Lucien Barrière et le Corse Jean-Dominique Fratoni s'affrontent pour obtenir la concession du casino municipal de Cannes. Personnages balzaciens, les deux hommes vont se mesurer dans une guerre qui ne cessera qu'à leur mort respective : en 1991 pour Barrière, à l'âge de soixante-huit ans, en 1994 pour Fratoni, alors âgé de soixante et onze ans.

Ce contentieux commercial n'aurait sans doute pas pris les proportions que l'on connaît si ces hommes, ou au moins l'un des deux, avaient été différents : l'Héritier et le Condottiere ont la tête aussi dure que leur sol natal. Quant à la troisième protagoniste de l'histoire, René Le Roux, elle préfère mourir plutôt que de céder à Fratoni. Aucune chance, vraiment, que l'affaire finisse bien.

À l'époque, Lucien vient juste d'hériter de l'empire Barrière. Très exactement le 2 mai 1962, date de la mort de son oncle François-André. Un extraordinaire Rastignac, celui-là. Il commence comme croque-mort à Joyeuse, dans l'Ardèche d'avant 1914, monte à Paris et, après avoir exercé ses talents comme saute-ruisseau – on dirait aujourd'hui coursier – dans un club, devient le patron et le propriétaire de plusieurs autres clubs, de casinos, d'une quinzaine d'hôtels de luxe, de nombreux biens immobiliers, de cercles de jeux parisiens comme L'Haussmann et Le Capucines… En quelques mots, le pape incontesté du jeu en France.

Lucien, son neveu et légataire universel, vit au pays jusqu'en 1952. Il y fait ses études primaires, puis entre à l'école d'agriculture de Sandar, à Limonest, en Rhône-Alpes. Il élève ensuite des moutons dans son Ardèche natale, jusqu'à l'âge de vingt-neuf ans. Lorsqu'il succède à son oncle sans enfant, l'ancien petit pâtre trouve une corbeille bien remplie, et il contribue par son habileté à l'enrichir encore. PDG du casino municipal de Cannes, de la Société des hôtels et casinos de Deauville, de la société immobilière et d'exploitation de l'hôtel Majestic de Cannes. Administrateur et directeur général du casino d'hiver de Deauville, il règne aussi sur la société immobilière du casino et des bains de Juan-les-Pins, et sur le complexe de La Siesta d'Antibes. Le navire amiral de sa flotte demeure l'inimitable Palm Beach de Cannes, deuxième casino français à cette époque – avant l'ouverture du Ruhl à Nice – par son volume de jeu annuel, et premier dans l'Hexagone si l'on considère qu'il réalise son chiffre en cinq mois d'ouverture, alors que celui de Divonne-les-Bains, qui le devance, réalise le sien en douze mois pleins.

En 1962, Lucien Barrière, en France, c'est Monsieur Casino.

XVII

FRATONI, L'AMBITIEUX

L'ambitieux qui vient cette année-là chasser sur les terres de Barrière a beaucoup moins de relations dans la capitale, et une envergure incomparablement plus modeste. Jean-Dominique Fratoni est un homme de clan, qui s'entoure d'amis, de gens de sa famille, mais qui néglige les relations publiques, parce qu'il compte sur ses réseaux. À trente-neuf ans, il est bien installé dans la vie, et son ascension ne fait que commencer. Fils d'un employé de tramway niçois, il est né dans le village corse de Cuttoli-Cortichiatto, à une vingtaine de kilomètres d'Ajaccio. Enfant, il s'illustre comme gardien de but de l'équipe de foot du lycée Masséna. Un peu trop rond, un peu trop maladroit, il n'est pas le meilleur atout de son équipe sur le terrain. Il s'y fait un copain, Jacques Médecin, fils puis successeur de Jean, maire de Nice. En 1941, à dix-huit ans, l'année du baccalauréat, Fratoni se rend utile au sein du réseau Combat, dans la Résistance.

À la Libération, il tente sa chance dans la petite industrie en montant une fabrique de chaussures en raphia. Sans succès. Joueur impénitent, il joint l'utile à l'agréable, en prenant en gérance le petit casino de Sainte-Maxime en 1949. Au fil des années, il apprend le métier et prend le contrôle de plusieurs établissements : à Saint-Raphaël en 1951, à Juan-les-Pins en 1953. Il ne fait encore peur à personne.

Il ne va pas tarder à gêner les rentiers de la profession.

En 1962, il produit des offres nettement supérieures à celles de Lucien Barrière, pour la reprise du casino municipal de Cannes. La mairie de l'époque choisit pourtant son concurrent. Indigné et déçu, Fratoni s'en va chercher fortune en Angleterre, mais il n'oublie pas. En trois ans, il fait du Victoria Sporting Club de Londres, dans le quartier de Marble Arch, le premier casino d'Europe. Et, quand il revient à Nice, en 1967, fort de son succès, il a deux projets. Le premier, c'est de créer cette Société des bains de mer dont il rêve, qui rivalisera avec celle de Monte-Carlo pour faire de Nice un Las Vegas européen. Ce qui rendra de surcroît à la ville son rang de première cité touristique européenne. Le second, qui recèle en son sein tous les conflits à venir, c'est de disputer à nouveau la concession du casino municipal de Cannes, aux mains de Barrière, dès l'échéance du précédent contrat, au bout de dix-huit ans, en 1980. Sa revanche !

Les événements, et les autorités françaises, ne lui en laisseront ni le loisir, ni le temps.

En 1974, Fratoni ouvre le Ruhl à Nice, ce qui marque la première phase de son offensive sur la Promenade des Anglais. Inauguré en grande pompe, en présence d'invités prestigieux au premier rang desquels figure Alain Delon, ce casino new-look, dont la décoration, acier et néons, rompt avec le style désuet des autres établissements de la Côte, s'élève rapidement au deuxième rang des casinos français, derrière l'indéboulonnable Divonne… Et devant les établissements du groupe Barrière.

Fratoni est de retour, et celui que la presse surnommera – sans trop se fatiguer – le Napoléon des tapis verts est en marche, comme le Gatsby de Scott Fitzgerald, vers son « *extatique lumière verte* ». Il ne l'atteindra jamais. Parce que tout, et tout le monde, s'y oppose. Même la conjonction astrale, pourrait-on dire, tant il est l'objet de critiques, d'attaques, de soupçons. Il apparaît nimbé de légendes et de sombres mystères.

Trop confiant dans ses propres forces, Fratoni croit pouvoir vaincre cette adversité. Il se trompe. Dès le printemps 1978, le patron du Ruhl est déjà empêtré dans les premières phases de l'enquête sur la disparition d'Agnès le Roux, se rendant aux convocations du juge escorté de gardes du corps, dans la Mercedes blindée qu'il a adoptée comme moyen de transport exclusif depuis l'exécution de son employé et ami Bimbo Roche.

Par ailleurs, sa rivalité avec Barrière se double, à partir de 1978, d'un conflit larvé entre Jacques Médecin et le gouvernement de Giscard d'Estaing, auquel le maire de Nice a appartenu de 1976 à 1978, comme secrétaire d'État au Tourisme. La façon d'être et de penser de Médecin, toujours sabre au clair, n'a pas fait du très mondain Michel d'Ornano, baron du giscardisme, son meilleur ami… Les deux hommes se détestent. D'Ornano, très proche de Valéry Giscard d'Estaing, est aussi maire de Deauville, où Lucien Barrière est fortement implanté. Par le double biais de la concurrence commerciale de leurs casinotiers, et politique de leurs maires, ce sont Deauville et Nice qui se trouvent à la lutte, et par ricochet Cannes, où Barrière est aussi le tenancier des casinos.

En effet, peu à peu, Médecin s'éloigne de plus en plus des idées centristes pour partager, « *à 99,9 %* » selon ses propres déclarations, celles du Front national. Ce qu'il aime, surtout, c'est la provocation, et répondre par quelques virils bras d'honneur au pouvoir de Paris. En fin de compte, Médecin perdra la partie, et paiera très cher son opposition au pouvoir politique de la capitale. Quant à Fratoni, poursuivi par la justice, accusé par la presse d'être allié à la mafia italienne – de mystérieux et très opaques « *banquiers romains* » seraient ses bailleurs de capitaux, ce qui ne sera jamais démontré –, objet d'un mandat d'arrêt, il est finalement obligé de s'enfuir à l'étranger pour échapper à ce qu'il appellera « *une lettre de cachet* ». Victime, selon lui, d'une véritable inquisition fiscale et douanière, il souligne dans un entretien qu'il m'accorde à Lugano : « *Comme par hasard, juste au moment où je m'apprêtais à me remettre en lice pour le casino municipal de Cannes, et au moment où notre Société des bains de Nice allait sortir du stade de maquette à celui de la réalisation. Ces deux choses-là menaçaient sans doute beaucoup trop de concurrents, lesquels avaient des amis bien placés.* » Suivez son regard... Il raconte à qui veut l'entendre, documents à l'appui, qu'il y a deux poids, deux mesures dans ce pays. La preuve : pourquoi Lucien Barrière n'a-t-il eu à subir aucune poursuite après son interpellation à la frontière suisse de Genève-Cornavin, alors qu'il était en train de passer illégalement huit millions de francs (un million deux cent mille euros) de bijoux, le 24 février 1978 ? De ses lieux d'exil, Fratoni ne cesse jamais de dénoncer la « *machination politico-financière dont la ville de Nice et ses casinos ont été victimes* ». D'après Jacques Derogy et Jean-Marie Pontaut, auteurs d'*Enquête sur les affaires d'un septennat*[1], ouvrage qui revient sur les dossiers noirs des années Giscard, les douanes furent réellement actionnées contre Fratoni par un collaborateur de Barrière.

1. Derogy Jacques, Pontaut Jean-Marie, *Enquête sur les affaires d'un septennat*, Éd. R. Laffont, 1981.

Dans leur ligne de mire, les fonds opaques venus de l'étranger qui auraient servi à créer le Ruhl.

Pris lui-même dans la tenaille d'enquêtes et d'inculpations tout aussi paralysantes, Jacques Médecin est vite dans l'incapacité de porter secours à son copain d'enfance.

De toute façon, Deauville est plus proche de Paris que Nice… Les épouses de Raymond Barre, chef du gouvernement de 1976 à 1981, et de Lucien Barrière, hongroises d'origine toutes les deux, sont amies. On devine dans quel pétrin se sont fourrés les deux Niçois. C'est Barre qui mène la croisade contre les mauvais sujets de Nice. Le Château – l'Élysée – occupé ensuite par Mitterrand et les socialistes, qui n'apprécient pas plus Jacques Médecin, aura définitivement emporté l'avantage sur le comté de Nice, lorsque, après Fratoni en 1980, le maire choisit lui aussi la fuite à l'étranger, en 1990, pour échapper à une kyrielle d'inculpations mettant en cause sa gestion de la ville. L'hommage public de Charles Pasqua à l'édile déchu de Nice ne sera qu'une maigre consolation. C'est un ami de longue date. Si Nice a vécu une véritable révolution urbaine pendant les vingt-quatre ans de l'ère Jacques Médecin, avec le développement achevé de projets comme Sophia Antipolis, pôle de nouvelles technologies, qui ont transformé la région et la ville, la grande ambition de constituer un royaume du tourisme et du jeu est morte. Jacques Médecin et Jean-

Dominique Fratoni l'ont emportée avec eux dans leur chute, puis dans la tombe. Il est indéniable que, depuis leur disparition, aucun projet d'envergure équivalente n'est venu remettre la ville à la place éminente qu'elle occupa dans le passé, et qu'elle mériterait de reconquérir, moyennant des méthodes plus orthodoxes que celles qu'employaient les deux amis du lycée Masséna. L'aéroport international de Nice, deuxième après Paris, voit arriver et partir des voyageurs qui s'échappent vers Cannes, Monte-Carlo, Saint-Tropez, où ils sont happés par les plages de sable fin, les festivals, les casinos, la vie nocturne. Attraits dont la ville de Nice est dépourvue. Depuis les tumultueuses années Médecin, Nice tarde à se réinventer. Sans doute quelque bon génie chassera un jour les souvenirs noirs de ce récent passé, et redonnera des ailes à l'Aigle qui figure sur le blason de la ville.

XVIII

UNE AFFAIRE DE FAMILLE

Au mois de juin 1977, Renée Le Roux, dame de pique solitaire jetée dans la partie infernale où luttent déjà deux rois, perd la majorité qu'elle détient avec sa famille au Palais de la Méditerranée. Sa fille Agnès, avait, dans un premier temps, vendu à sa mère, sous seing privés, ses parts pour une bouchée de pain. Mais retournement de situation. Finalement, Agnès, sans prévenir sa mère, n'ayant pas obtenu d'elle la part d'héritage qu'elle lui réclame, a vendu ses parts à Fratoni, l'ennemi juré, par l'intermédiaire de son avocat et amant, Maurice Agnelet, un personnage cynique et complexe. Successivement valet de cœur, fou du roi – ou plutôt de la reine – et conspirateur, il joue sur tous les registres et devient un joker pour Fratoni.

Son cheval de Troie, ce sera Agnès. Elle vote contre sa mère au conseil d'administration, Fratoni et ses fidèles triomphent et gagnent la direction du Palais de la Méditerranée. C'est le deuxième acte d'une tragédie en train de se nouer.

Pour Renée, qui a pris la direction du Palais en tant que PDG en juillet 1975, la trahison de sa fille et la perte de son trône sont des coups très durs. Elle a un caractère intransigeant de reine-mère, elle n'accepte aucun compromis. Elle vient d'un monde de luxe où elle a côtoyé les super-riches et les célébrités. Alors, Fratoni et ses rêves de grandeur… Elle ne voit que la défense du patrimoine familial, soit la moitié des actions du Palais de la Méditerranée, mission sacrée, reçue de son mari défunt. Elle préfère risquer de couler avec le navire – qui prend l'eau – que de céder et le voir naviguer sous un autre pavillon. Sa détermination est telle qu'elle effraie beaucoup de gens autour d'elle, y compris sa fille Agnès. Des courriers entre les deux femmes en témoignent. Des lettres pleines de hargne et de méfiance, de menaces. Au point que la police s'intéressera à Renée dans la première phase de son enquête sur la disparition d'Agnès, tant la maîtresse femme semble plus affectée par la perte de son patrimoine que par le chagrin d'une mère, dira même l'un des enquêteurs.

L'entente entre les deux ex-compères du lycée Masséna la dope : elle pointe d'un doigt accusateur le taux de prélèvement préférentiel consenti à Fratoni par la commune sur les recettes du Ruhl, et souligne le refus que lui oppose Médecin d'aligner ce taux sur le Palais de la Méditerranée. Elle y voit un complot contre elle, même quand Médecin lui fait valoir l'énorme chiffre d'affaires du Ruhl, et la décadence avancée de son casino. Le soupçon et la calomnie étant devenus la règle dans toutes les relations entre les acteurs de ce feuilleton, il n'y a de répit ni pour les uns ni pour les autres. On prend l'habitude de vivre en attendant le prochain mauvais coup, plainte en justice, déclaration dans la presse, ou manœuvre plus sournoise encore. Tandis qu'elle traite son ambitieux voisin de mafieux, de grossier personnage, il lui retourne le compliment en la décrivant dans le privé comme une folle hystérique, une incompétente. Ce qui n'impressionne pas Renée, née Bousquet, d'un père basque et d'une mère charentaise, qui porte la culotte à la maison. Elle a de qui tenir…

Peu douée pour les études, elle devient, grâce à sa grande beauté, mannequin chez Balenciaga dès l'âge de dix-sept ans, en 1938. Elle n'y restera que le temps de rencontrer, en 1939, un banquier normand, Henri Le Roux, alors âgé de quarante-deux ans. C'est le fils d'un simple facteur, qui a gravi les échelons de la réussite sociale en commençant comme commis à la Bourse de Paris. Il se montre si entreprenant qu'il devient fondé de pouvoir, puis associé de la banque Daniel Dreyfus.

En 1943, Renée épouse Henri à Monaco, où le couple va désormais s'établir, et fonder une famille. « *Henri Le Roux est administrateur de l'Electro-Câble, des Blanchisseries de*

Thaon, des Chargeurs Réunis, du Bon Marché, raconte Michel Henry dans *Agnelet, L'homme que l'on n'aimait pas* [1], *et surtout, depuis 1935, de la Société des bains de mer (SBM), le poumon économique de Monaco, qui gère une vingtaine d'établissements parmi les plus prestigieux de la principauté : le casino de Monte-Carlo, l'Hôtel de Paris et celui de l'Hermitage, des immeubles, le golf, le théâtre, l'opéra et le Sporting Club.* » Après guerre, Henri Le Roux devient PDG de la SBM. Il gère ses affaires, Renée organise les réceptions. C'est la grande vie. Elle change parfois de tenue quatre fois par jour, commençant par une réception le matin sur un yacht, suivie d'un déjeuner, puis un cocktail, un spectacle, et le souper à l'Hôtel de Paris… Marcel Pagnol, Sacha Guitry, Edward G. Robinson et Arletty défilent à la maison. Onassis déjeune chez les Le Roux chaque jour quand il est à Monte-Carlo. « *J'ai bien connu le prince Rainier, son père, et même son grand-père* », confie-t-elle.

En 1960, Henri Le Roux, désormais familier du monde des casinos, est devenu actionnaire à cinquante pour cent dans la propriété du Palais de la Méditerranée de Nice. Sis aux numéros 13 et 15 de la Promenade des Anglais, face à la mer, c'est un immeuble magnifique de style Art Déco, qui fut construit en 1929.

Quand il meurt en 1967, Renée lui succède, et doit affronter le soudain appétit de ses associés. Elle embauche

1. Henry Michel, *Agnelet, L'homme que l'on n'aimait pas*, Éditions Odile Jacob, 2008.

un jeune avocat niçois, marié, père de famille, pour s'occuper avec elle de ses affaires. Maurice Agnelet fait son entrée chez les Le Roux, qu'il connaît depuis longtemps : la petite Agnès, alors âgée de dix ans – il en a vingt à l'époque – venait prendre ses leçons de piano dans l'immeuble où habitaient ses parents, à Monaco. Mais Renée le renvoie, le trouvant trop ambitieux et intriguant – il a par exemple tenté de séduire Patricia, la sœur d'Agnès, avant de devenir l'amant de cette dernière, qui est en cours de divorce avec son mari, Jean-Pierre Hennequet. Agnelet aussi divorce quelques mois plus tard.

Agnelet et Agnès deviennent amants en avril 1976, après une soirée au Festival de Cannes. Si l'on en croit Agnelet, c'est Agnès qui l'a entraîné au Sofitel de Nice après un dîner en tête à tête. Elle a pris et payé la chambre. Très vite, Agnelet devient son complice dans le grand projet d'Agnès : se faire payer la somme correspondant à sa part d'héritage, que sa mère refuse de lui verser, et se libérer ainsi définitivement de la tutelle familiale. Une revanche pour l'ex-conseil du Palais, éconduit par Renée. Il présente Agnès à Fratoni, elle le trouve « *drôle et gentil* », lui vend ses actions, et vote en juin 1977 contre sa mère lors du conseil d'administration. La boucle est bouclée.

Le 30 juillet, Jean-Pierre (Bimbo) Roche est abattu à Nice, boulevard Carnot, à la veille d'un championnat du monde de boxe poids moyen, Monzon-Valdès, qui doit avoir lieu à Monaco. Roche est un ami d'enfance de Gaëtan Zampa, et un employé de Fratoni au Ruhl. On trouve sur lui des billets pour le combat de boxe, dont l'organisateur n'est autre qu'Alain Delon. L'acteur est par ailleurs associé à Jacky le Mat, dans la gestion d'une écurie de chevaux de course. Exceptionnel driver en trot attelé (il fut champion de France en 1973), connaisseur en architecture navale, pilote de moto, d'avion, Jacky Imbert a touché à tout. D'une intelligence très nettement au-dessus de la moyenne, il est aussi à cette époque un caïd en délicatesse avec son ex-ami Zampa, au sujet, entre autres, du « dossier » des casinos niçois.

C'est cette année-là, le 1er février 1977, que, criblé de balles, il survit à une terrible embuscade montée contre lui par trois hommes de Tany, parmi lesquels se trouve sans doute Bimbo.

XIX

DU BÉTON

Difficile, dans ce magma de luttes entremêlées, de discerner immédiatement toutes les interconnexions, toutes les motivations. Si certaines paraissent évidentes, d'autres, enfouies, sont invisibles. L'enjeu d'une prise d'intérêts dans les casinos, promise par Fratoni, ou revendiquée par le Milieu, en est l'un des ressorts cachés. Promis semble-t-il à Zampa et aux siens, les casinos leur auraient été disputés par Jacky Imbert, et sans doute aussi par les Zemour, ainsi que par d'autres caïds « parisiens », nous le verrons plus loin. Avec les casinos, c'est le jeu qui constitue le fonds de commerce exploité par Renée Le Roux et ses associés au sein de la Société d'exploitation du casino du Palais de la Méditerranée.

Mais on n'a jamais assez insisté sur l'autre pactole. Celui que doivent représenter les opérations immobilières liées au développement du projet de Jean-Dominique Fratoni sur la Promenade des Anglais, où le mètre carré est l'un des plus chers du monde. Le terrain et les murs du Palais de la

Méditerranée appartiennent à l'époque pour moitié à Renée Le Roux, par l'intermédiaire de la société Le Palais Vénitien, l'autre moitié étant détenue par ses associés – le groupe Helly-Guérin, favorable à l'entrée de Fratoni. Mais la surface à bâtir est un enjeu de taille, au-delà du fonds de commerce. Avec l'aval de Jacques Médecin, Fratoni y prévoit la construction d'un complexe hôtelier de luxe. D'autres projets architecturaux doivent suivre sur le front de mer. Béton et immobilier, sur des sites porteurs d'autant de promesses de plus-values, voilà une machine à blanchir idéale. En Italie, c'est dans le béton que la mafia investit ses revenus, fait fructifier son patrimoine, et ensevelit ses victimes. Pour la pègre, tout est bon dans le béton…

La circulation automobile doit être interdite sur la Promenade des Anglais version Fratoni pour laisser place sur plusieurs centaines de mètres à des terrasses, devant des hôtels, des casinos, des bars, des restaurants, des boîtes de nuit et des immeubles de grand standing : un énorme gâteau, sans compter l'exploitation des commerces et des services dans ce futur paradis de la roulette et du tourisme. L'introduction, promise dès les années 1970, des lucratifs bandits manchots laissait prévoir une très nette augmentation du chiffre d'affaires des casinos. Les machines seront finalement autorisées dans les casinos français en 1987, sur intervention du ministre de l'Intérieur de l'époque, Charles Pasqua.

Du béton

Les cascades de néons prévues afin que la nuit ne tombe jamais sur la baie des Anges visent à faire pâlir Monte-Carlo, et à renvoyer le Cannes de Lucien Barrière au rang de chef-lieu de canton. Une aubaine pour la Côte. Et un vrai rêve de Noël pour les parrains.

XX

AGNÈS DISPARAÎT

1977, week-end de la Toussaint. Agnès Le Roux, riche des trois millions de francs de l'époque (un million et demi d'euros) que lui a versés Fratoni sur un compte suisse qu'elle détient avec son avocat et ex-amant Maurice Agnelet, monte dans sa Range Rover immatriculée 726 BEZ 75 devant son domicile du 90 avenue Carnot, à la sortie de Nice. Elle tourne la clé de contact. On peut seulement imaginer qu'elle démarre. On sait qu'elle disparaît, corps et âme. Son véhicule aussi se volatilise.

On ignore toujours où elle projetait de se rendre le jour de ce départ, quelle direction elle a prise, et même de quel jour exactement il s'agit. La pauvre jeune fille riche de vingt-neuf ans a deux fois tenté de se suicider dans les semaines précédentes : pour paraphraser le titre d'un livre des années 1980 sur le spleen des jeunes femmes de l'époque, « *côté cœur, c'est pas le pied* ». Depuis sa trahison familiale, elle est à couteaux tirés avec sa mère. Elle est aussi frustrée par la tiédeur d'Agnelet, qui papillonne de femme en femme, délaissant leur relation sentimentale.

Dans son entourage, on se dit d'abord qu'elle est partie en escapade au gré de sa fantaisie, pour soigner son mal de vivre, comme elle l'a fait si souvent. Ignore-t-elle que, sur la célèbre baie de Nice, les anges ont parfois de grandes dents ? Elle a tout d'un petit chaperon rouge têtu qui n'écoute personne. Ou que certains poussent vers l'abîme ? Bobo avant l'heure, elle semble inconsciente des dangers.

Affaire dans l'affaire de la guerre des casinos, sa disparition en est devenue le tragique emblème, supplantant toutes les péripéties financières et judiciaires.

Grand flic à la retraite, Georges Moréas s'interroge en 2006 sur les raisons du tapage autour d'Agnès, alors qu'une dizaine de milliers de personnes disparaissent chaque année en France sans faire de vagues. Sur son blog, à la veille du procès de Maurice Agnelet, on trouve cette équation qui, à ses yeux, fait qu'il existe dès le début de l'histoire tous les ingrédients d'un roman :

– le soleil de la Côte d'Azur ;

– l'argent des casinos : le Palais de la Méditerranée, le casino Ruhl ;

– l'ombre de la mafia avec Jean-Dominique Fratoni ;

– un ancien mannequin, retoqué en femme d'affaires, Renée Le Roux ;

– une jeune femme, belle, romantique et riche, Agnès Le Roux ;

– des comptes secrets en Suisse ;

– un avocat au comportement ambigu, Maurice Agnelet ;

– et une série de règlements de comptes dans le Milieu du sud de la France.

La synthèse est élémentaire, à un détail près, commissaire : il s'agit d'une histoire vraie, très triste, où une jeune femme meurt, et non d'un roman.

Dans ses lieux d'exil successifs, Pierrot reçoit quelques échos des événements troubles qui agitent la Côte.

XXI

SEPTEMBRE 2007

De mes planques allemandes et espagnoles, je suivais par des coups de fil réguliers les événements de la Côte d'Azur. Personne alors ne m'a parlé d'Agnès Le Roux. Mais on me prédisait toujours qu'on allait « manger » à Nice. Je me souviens surtout, cette année-là, de la disparition d'Elvis Presley, le 16 août. Ce n'est pas que j'aie été fanatique de rock and roll. Mais le King était né la même année que moi, en 1935...

Il est vrai que ce n'est qu'en mars 1978, six mois après qu'elle a disparu, qu'une enquête commence pour savoir ce qu'est devenue Agnès Le Roux. Il est trop tard. Si la justice, qui, comme la nature, n'aime pas le vide, finit par condamner Maurice Agnelet à vingt ans de prison, le 11 septembre 2007, trente-trois ans après la disparition d'Agnès, elle clôt le dossier sans pouvoir répondre aux questions qu'il pose. Impossible d'abord de certifier la mort d'Agnès. Mais, puisqu'elle est considérée comme morte, quand, comment, où a-t-elle été tuée, où est passé son cadavre ? À moins qu'elle ne se soit suicidée ? Un accident ? On ne connaît même pas le jour exact de sa disparition, que l'on situe entre le 28 octobre et le 2 novembre 1977. Après tant de passions et de poussières soulevées, ce serait bien de donner au moins une réponse, à une seule question au moins. Sans avoir pu proposer le moindre scénario des faits, sans aucune preuve matérielle, la justice décide qu'il y a eu crime, et que Maurice Agnelet est le seul coupable possible. D'ailleurs, c'est le seul suspect. Il y a certes un faisceau concordant de présomptions contre lui. Des annotations étranges de sa main, dans certains livres de sa collection de la Pléiade, qui paraissent commenter le déroulement du drame, avec le mot « *liberté* » apposé à la date de la disparition d'Agnès. Un mot d'adieu laissé par Agnès dans son appartement lors d'une de ses tentatives de suicide, et réutilisé, amputé de la date, le jour sa disparition : posé bien en évidence dans son appartement vide, comme pour inviter les enquêteurs à conclure à un départ volontaire. Or, les mêmes enquêteurs retrouveront dans le bureau d'Agnelet la photocopie de ce document trafiqué. Il est vrai qu'Agnès confiait tout ce qu'elle voulait conserver à Agnelet… Non, décidément, aucune preuve. Le doute, semble-t-on lui reprocher, lui a déjà assez profité. Pas de preuve ? Certes. Mais « *la preuve qu'il ment* », dit Me Kiejman, un avocat de la partie civile, c'est qu'il ne veut pas avouer qu'il est

« *aussi* » homosexuel ! S'il ment sur ce point, c'est qu'il ment tout le temps, et sur tout, disserte Kiejman. Peu convaincant.

Après un non-lieu en 1985, la Cour d'assises condamne Agnelet en 2007 à Aix, après l'avoir acquitté en 2006 à Nice, sur le même dossier. À la seule différence, que son ex-femme, Françoise Lausseure, vient renier son témoignage... dix-sept ans après sa première audition, après leur divorce et un différend financier, pour le priver de son alibi : un week-end passé ensemble à Genève, justement à la Toussaint 1977.

Sa personnalité, sa perversité affichée comme un jeu, son goût pour les plaisanteries de plus ou moins bon goût inspirent la méfiance. On rapporte qu'à l'une de ses épouses – il en eut deux – qui lui reprochait de l'appeler « *ma mie* » « *comme tu le dis à toutes les autres* », il aurait répondu : « *Ah, non, Agnès, c'est ma croûte !* » Ses facéties, son rire sardonique en plein tribunal, finalement, le perdent. On ne se demande même pas, puisqu'on l'a déclaré coupable, s'il a eu des complices. Si l'on s'est convaincu qu'il est coupable, comment s'est-il débarrassé du corps, et comment a-t-il fait disparaître l'encombrant 4×4 ? c'est un boulot de professionnel.

On ne pose même pas l'hypothèse de son éventuelle complicité passive. On lui fait endosser le costume d'assassin, et on l'envoie en prison, comme pour se soulager. Il a conçu, exécuté le crime, s'est débarrassé du corps, de la voiture, un point c'est tout. Quand, comment, où? On n'entre pas dans les détails, puisqu'ils n'existent pas. Ce qui fait que, une fois jugée, l'affaire reste aussi énigmatique qu'à son commencement. La justice s'est prononcée, tout en restant muette, si l'on ose ce paradoxe de bistrot.

Amis ou ennemis d'Agnelet, les Niçois qui ont approché cet intellectuel pendant ses études, sa carrière, ou à l'occasion de ses démêlés judiciaires, restent perplexes. J'en ai rencontré certains, et aucun ne le croit vraiment capable d'être physiquement l'auteur d'un crime.

Dans son salon-salle à manger, ce soir de septembre 2007, à Saint-Pons-de-Thomières, près de Béziers, un ancien gangster apprend l'information par la télévision. Le retraité paisible du Milieu, Jean-Pierre Hernandez, sent quelque chose, là, à l'intérieur de lui, qui le mordille. Il est mal dans sa peau. Quelque chose d'inhabituel le taraude. Serait-ce sa conscience?

Ce baveux, ce n'est pas vraiment ma tasse de thé. Mais savoir ce que je sais depuis 1986 et voir ce type partir en prison pour vingt ans, ça m'a fait un choc. J'ai commencé à tourner en rond comme un animal dans une cage. Je ne savais pas quoi faire, et comment m'y prendre. Je me suis dit que j'aurais l'occasion de me délivrer un jour de ce poids. Cette occasion, je l'ai attendue. Mais qui s'intéresse à un vieux truand autrement que pour lui faire dire ce qu'on attend de lui ? Parler, pour moi, pendant des années, c'était impossible. Une tare contre nature. Entre le moment où j'ai su toute l'histoire et la condamnation du nave, je suis allé deux fois en prison, en 1987 et en 1994, et j'ai eu autre chose à défendre que la vérité des autres. D'autant plus que, jusqu'à cette soirée de 2007, personne n'avait payé le coup pour la disparition de la fille Le Roux. Pour elle, on ne pouvait plus rien. Et un de mes amis était impliqué, alors, silence... Je suis un gangster catholique, mais je n'aime pas la confession ! Quant aux flics, j'ai développé une allergie, comme une véritable maladie professionnelle, alors taper à leur porte, vous rigolez ! Quand le nave – pardon, je veux dire l'avocat – est rentré en prison, il m'a fallu deux années pour trouver quelqu'un vers qui me tourner. J'ai finalement parlé à mon avocat et, pendant des mois, j'ai attendu.

XXII

L'AMOUR ET LA CHUTE

J'ai tenu la cavale douze ans. J'ai été repris en 1987. Je m'y attendais, je savais que ma réinstallation en France me ferait tomber. Quand on est recherché, il vaut mieux partir au bout du monde. Mais les voyous sont souvent casaniers. D'après mon avocat Jean-Louis Pelletier, avec la prescription et la disparition de la peine de mort, une nouvelle confrontation avec la justice était redevenue jouable. Les flics m'ont arrêté à Villeneuve-d'Asq, près de Lille, où je m'étais réinstallé avec ma troisième femme – une ex-reine de beauté que j'ai rencontrée en 1982, et épousée en 1989 – et ma troisième fille, née en 1986.

J'avais connu ma troisième épouse en Espagne, où elle séjournait en vacances avec ses parents. Le père était un cadre important de la direction de la SNCF. J'ai fréquenté la belle, et je lui ai avoué ma situation de voyou en cavale, fiché au grand banditisme, et *tutti quanti*. Ni elle ni sa famille ne m'ont repoussé, bien au contraire, et je suis rentré vivre notre amour dans leur fief, le Nord, où j'ai fait mon nid, avec de faux papiers, mais dans une belle villa, comme un bourgeois. Les flics avaient planqué devant la maison pendant plus d'un mois avant de me sauter dessus. J'avais été condamné à mort par contumace en 1978 pour une palanquée de vols à main armée. J'en avais été prévenu à Düsseldorf par mon avocat allemand, lui-même informé par Me Smadja, une avocate pénaliste qui venait de défendre Puppier, un de mes complices dans un hold-up. J'étais classé très dangereux, et les flics ne m'ont pas fait de cadeau quand ils m'ont obligé à quitter la route pour balancer ma voiture avec les leurs dans un champ de betteraves.

J'allais comme chaque jour acheter mon pain et, quand ils m'ont extrait du véhicule *manu militari*, des pains, j'en voulais, j'en ai eu ! Ils savaient que j'avais joué au rugby, et ils ont mis le paquet. J'ai eu l'impression de prendre l'équipe adverse entière sur ma tête. J'ai fait un passage à la prison de Loos-lez-Lille, et j'ai été transféré à Fresnes pour les trois derniers mois de ma détention.

Il faut dire que, depuis mon évasion de la prison de Toul, en 1975, je n'avais pas chômé. Et, quand le juge Jean-Paul Valat a accepté d'instruire mon dossier, alors que d'autres magistrats avaient refusé, m'a-t-on dit, il m'a montré une rangée de dossiers posés à même le sol dans son bureau. Il y en avait un mètre de hauteur : *« Regardez,*

Hernandez, Il y a là cinquante-trois dossiers de hold-up. Vous êtes impliqués dans tous. J'en tire un au hasard, vous reconnaissez les faits, et je vous épargne les interrogatoires sur les autres. On laisse tomber le reste : Ça vous va ? »

Visiblement, il ne voulait pas s'appuyer les travaux d'Hercule qu'avaient refusés ses collègues. Fidèle à mon personnage, je lui ai répondu qu'il fallait être fou pour m'imaginer avec un calibre à la main. Je l'ai déçu, comme j'ai toujours déçu tous mes juges.

Et je m'en suis une fois de plus bien tiré : je suis rentré en cabane en mai, et je suis ressorti en liberté provisoire en décembre. En 1990, mon procès est venu devant les assises, à Paris. Et j'ai été acquitté. Allez comprendre… Comme d'habitude, les flics et les magistrats, alors qu'on leur désignait la lune du doigt, ont regardé le doigt. Et ils se le sont mis dans l'œil.

XXIII

UNE VALISE DE RADIUM

Les « affaires » dont Jean-Pierre Hernandez n'a jamais eu à se justifier, certains anciens flics en parlent encore longtemps, avec le fatalisme de ceux qui sont payés pour savoir que, dans la lutte contre le banditisme, ils ne gagnent pas toujours. Sous la poussière, dans leurs archives, il y a ces dossiers où ils détenaient l'information sans les preuves pour pouvoir agir, et ceux où ils n'ont jamais eu le plus petit début d'une indication. Juste une intuition. Ce qui fait dire à beaucoup de voyous que, s'ils payent parfois pour des crimes qu'ils n'ont pas commis, ils sont souvent mis hors de cause, ou même pas soupçonnés, dans des affaires où ils sont coupables. Ainsi va la justice des hommes, dont les acteurs habituels, policiers, magistrats et grands délinquants, connaissent mieux que quiconque les aléas. Tous passent, un jour ou l'autre, à travers. Dans tous les sens du terme.

En dehors du braquage en Belgique, que je me suis vu imputer abusivement en 1975 ou 1976, je ne sais plus, par la police et par la presse, et pour lequel je porte encore le chapeau, il y a eu, juste avant mon arrestation dans le Nord, en 1987, quelques opérations, certaines ratées, d'autres réussies, pour lesquelles on n'est jamais venu me demander l'heure.

La première concerne une valise de radium (RDA 21), de l'uranium enrichi que j'ai eu dans les mains à partir de fin 1977, début 1978. Elle mesurait cinquante centimètres sur quatre-vingts, contenait un kilo et quatre cent cinquante grammes de matière radioactive, et pesait, à cause du sarcophage de plomb entourant le radium, quelques dizaines de kilos. Elle valait, paraît-il, quelques milliards. L'affaire m'a été confiée par d'ex-ministres congolais, exilés en Belgique depuis l'arrivée au pouvoir de Mobutu. Ils avaient tous été des proches de Patrice Lumumba. Ils m'ont demandé de la négocier au meilleur prix. Ils m'ont expliqué qu'ils avaient fait sortir pas mal d'uranium du Congo-Zaïre par un parent qui était pilote à la compagnie aérienne belge Sabena, et qu'ils l'avaient fait enrichir en fraude en Belgique, dans une centrale. J'avais quelques moyens financiers, et j'ai commencé à m'en occuper en prenant des contacts, directement ou par des intermédiaires, en Espagne, en Libye, en Israël. Jean-Louis Fargette, que je suis allé voir en Italie pour l'occasion, a fait jouer ses contacts en France, avec quels officiels, je ne le sais pas, parce que ses relations politiques, c'était son jardin secret. Au gré des voyages entrepris pour cette affaire, je me suis trouvé à dîner chez un grand avocat parisien, boulevard Malesherbes. Il était par ailleurs conseiller juridique d'un grand pays du Moyen-Orient, et avait par son métier beaucoup de connaissances dans le Milieu, ce qui nous a permis de nous rencontrer, à Barcelone, puis à Paris, chez lui. Il exerce toujours. Il pourra confirmer cette histoire, et en tout cas, comme on dit à la télé, il se reconnaîtra. Un témoin de cet épisode vit aujourd'hui en Israël, et il passe souvent en France : Bébert était un trafiquant, et un ami. C'est lui qui avait prévenu Tel Aviv que nous étions en contact avec des pays arabes pour leur fourguer cette valise, il me l'a dit beaucoup plus tard. Et j'ai compris ce jour-là pourquoi les Israéliens s'étaient proposés d'eux-mêmes pour un rendez-vous. Mais ils ne voulaient rien payer, leur but était simplement de nous piquer le radium, sans doute pour nous empêcher de le vendre à un pays arabe.

De toute façon, ni Fargette, ni moi, ni aucun des intermédiaires que nous avons utilisés n'a réussi à vendre, alors que nous avons brassé du monde pendant quatre ans. J'ai finalement rendu mon tablier aux Africains, et ça s'est arrêté là. La plaisanterie commençait à me coûter trop cher, et pouvait finir par m'exposer dangereusement. À l'époque, j'étais bien sûr en cavale, condamné à mort, et je me déplaçais partout sous une fausse identité. Certaines fréquentations m'étaient donc vivement déconseillées... Sans compter le danger pour la santé quand on manipulait cette matière. En cours de tractations, il avait fallu couler une couche de plomb supplémentaire pour l'enrober parce que plusieurs de ceux qui la manipulaient, moi en particulier, avaient vu apparaître des symptômes d'irradiation légère : je m'étais réveillé un matin avec les yeux complètement rouges, injectés de sang.

XXIV

LE CASSE DE CANNES

En 1983, la vérité, c'est que j'ai lâché cette maudite valise parce qu'on m'a proposé un meilleur plan. Un truc dans mes cordes : la copie conforme du casse du 20 juillet 1976 à la Société générale de Nice. Même technique, par les égouts de la ville, mais à Cannes cette fois, et dans la grande agence du Crédit commercial de France. Même objectif : la salle des coffres. Quelques-uns des mecs de l'équipe de Nice étaient d'ailleurs avec nous. Albert Spaggiari était en cavale, et il amusait la galerie en alimentant la presse avec photos et interviews. Je crois surtout qu'il a eu besoin d'argent, parce que, à ce qu'on sait dans le Milieu, sa part de butin sur le casse du siècle, ç'a été surtout la célébrité. C'était quand même un sacré personnage.

Les vingt-cinq hommes qui ont été rassemblés pour Cannes étaient tous des hommes d'expérience. J'ai retrouvé Petit Riton et mon ami Leynaud. Dédé Gau était resté à Paris, mais il était représenté. La fine fleur, quoi. On avait avec nous, bien entendu, notre arme fatale : un

« débranche » de la société qui avait installé et qui entretenait les systèmes d'alarme. Ce gars-là venait de Paris. L'un des deux techniciens qui nous assistaient avait « le crabe » et voulait laisser le plus d'argent possible à sa famille après sa mort. Une intervention chaque jour, matin et soir, pour dérégler puis remettre en place les mécanismes, et nous étions peinards.

Nous sommes entrés dans les égouts un soir d'octobre, après une longue préparation, et un repérage précis. En route pour le « casse du siècle numéro Deux » ! Entre l'accès pour nous introduire, qui se situait à une sortie de Cannes, et la succursale de la banque, au centre-ville, il y avait trois ou quatre kilomètres d'égouts. Par endroits, il fallait ramper dans la merde, et chasser les rats.

Nous avons transporté tout le matériel dont nous avions besoin, notamment des lances thermiques avec leurs mèches, et les bouteilles d'acétylène pour les alimenter. Un travail éreintant de sherpas. Heureusement, nous étions nombreux, installés dans des appartements du coin, et nous pouvions nous relayer.

Les problèmes sont arrivés très vite, en cascade. Quand nous nous sommes trouvés très exactement sous la banque, nous avons entrepris de percer le mur qui nous séparait de la salle des coffres. Les lances thermiques se sont révélées insuffisantes, parce que moins efficaces que prévues. La paroi à laquelle nous nous attaquions était un mur de béton, extrêmement dense et épais. Il a fallu aller acheter une soixantaine d'énormes mèches supplémentaires en Italie, où on nous les fournissait, et rentrer en tout plus de cent bouteilles d'acétylène. Vers le quinzième jour de travail, je crois, un orage énorme a éclaté sur la ville, et la pluie a noyé les égouts. Nous avons cessé les travaux, évacué les lieux, et attendu dans nos planques, en ville. Le Congrès mondial d'Interpol se tenait à Cannes, justement à ce moment-là. Il aurait suffi que les flics en séminaire regardent la côte au bon endroit, ils auraient vu toutes les bouteilles d'acétylène et les radeaux en caoutchouc que le flot sortant des égouts avait rejetés à la mer !

Certains d'entre nous disaient qu'il fallait abandonner. Je n'étais jamais de cet avis-là à l'époque. D'autres ont pensé comme moi, et nous avons continué. Nous tenions les lances thermiques à deux, pour faire dans la paroi ce qu'on appelle un camembert, ou un gruyère de trous si l'on veut, afin de pouvoir à la fin enfoncer la couche de béton à coups de maillet et de burin. Nous y sommes parvenus, et nous avons creusé derrière, en extrayant la terre et en étayant.

Le pépin est survenu sans qu'on s'y attende, alors qu'on n'était plus qu'à dix centimètres du but. C'était le 11 Novembre, je crois, il y avait un défilé militaire en cours dans la ville. Tout à coup, des grenades lacrymogènes se sont mises à éclater partout autour de nous, tombant par les bouches d'égouts. Les flics !! Ils allaient nous tomber dessus. Serge Leynaud et Petit Riton ont été pris en surface, où ils faisaient le guet ce jour-là. Dessous, nous avons eu le temps de fuir, et de trouver une sortie par une petite rivière. Ce qui nous a sauvés, c'est que cette sortie-là ne figurait pas sur le plan fourni par la mairie, dont se sont servies les forces de l'ordre.

Le soir, j'étais bien au chaud devant ma télé, un whisky à la main, quand Patrick Poivre d'Arvor a annoncé la découverte de notre chantier souterrain, l'échec du casse, et celui de la police. Les journaux en ont fait des pages entières le lendemain. Ils disaient qu'un bruit avait alerté un passant, et que celui-ci avait donné l'alerte, ce que je n'ai pas cru. Qui sait? Par la suite, nous n'avons jamais été inquiétés ni les uns ni les autres, parce que Serge et Petit Riton n'ont pas parlé. Serge s'est sacrifié pour nous, mais ça ne m'a pas étonné. Je n'ai pas non plus été surpris quand il nous a fait savoir qu'il fallait récupérer son calibre dans les égouts, où il l'avait planqué : Serge n'allait nulle part, ni aux toilettes, et même pas sous terre, sans son brelica. Quant aux flics, ils n'ont jamais compris ni par où nous étions sortis, ni par où nous étions entrés. Mais ils ont su qui avait fait le coup : un jour, le commissaire Lucien

Aimé-Blanc, le patron de l'OCRB, a un peu secoué mon ami Dédé Gau dans son bureau en lui demandant de fermer une boîte de nuit parisienne où Dédé était associé à Tany, à Jean-Pierre Le Pape, et à quelques autres. Pour le convaincre sans discuter, peut-être parce qu'il connaissait la forte personnalité de Dédé, Aimé-Blanc lui a lancé : *« La boîte, vous la fermez tout de suite, ou alors on se remet au boulot sur l'affaire de Cannes, tu me suis ? »*

Le soir même, j'ai vu arriver Dédé dans son restaurant de Vincennes, où je l'attendais. Il était livide, et il m'a raconté son entrevue avec Aimé-Blanc en lâchant : *« Pour Cannes, Aimé-Blanc, il sait. »*

Le casse du siècle numéro Deux ayant échoué, Pierrot reprend le large, et vogue vers d'autres affaires, d'autres embellies, et d'autres ennuis.

XXV

JEANNOT

1984. Gaëtan Zampa meurt, le 16 août, dans sa cellule de la prison des Baumettes. Il avait été arrêté avec Jeannot Lucchesi au bord de l'étang de Berre dans un cabanon où ils se cachaient tous les deux, aux Eaux Claires, entre Istres et Martigues, par les hommes du commissaire Nguyen Van Loc, dit le Chinois. À Toulouse, quelque temps après, c'est Gérad Vigier, un des hommes de Zampa, qui est flingué sans pitié par des voyous. Pour Pierrot et ses copains encore vivants, c'est un changement d'époque. Ils se retrouvent seuls, sans base arrière et, pour tout dire, loin de Marseille. Leur temps est passé. De plus, Pierrot n'a pas d'affinités avec Jean-Lucien Tocci, le demi-frère de Zampa, qui prend les rênes du business.

Le moins que l'on puisse dire, c'est que Tany ne le favorisait en rien de son vivant, son demi-frère.

Tocci, le nouveau boss, travaille entre autres avec Marc Monge. Il tombera sous les balles de gros calibre de ses ennemis, comme plusieurs dizaines de voyous, dans la guerre des machines à sous des années 1990. Le 7 mai 1997, sur le parking d'une grande surface d'Istres, il est abattu avec sa compagne, Berthe Crémier. Serge Martin, un de ses hommes, y passe la même année, dans le Vaucluse. Puis ce sera au tour de Sauveur Manzo et de Charly Lecouls, dit Charly la Gâchette, son successeur, en septembre 1998.

Le clan Zampa sans Tany, c'est fini.

Pierrot, lui, est déjà ailleurs, dans une autre vie.

Un coup de fil de son frère Simon va le replonger dans le passé. Et lui révéler un épisode de la guerre des casinos qu'il ne connaissait pas. Nous sommes à l'automne 1986, fin septembre, début octobre. Simon lui demande de venir d'urgence le voir à Monteux, dans le Vaucluse, où il habite, sans lui en dire plus. De Villeneuve-d'Asq, Pierrot se fait conduire par sa femme jusqu'au rendez-vous en voiture. Il conduit le moins possible, pour éviter les aléas d'un éventuel contrôle routier.

Son frère l'attend chez lui, dans sa villa, en compagnie de Marc Monge.

Nous sommes partis à l'aube, et arrivés en cours de matinée.

À peine le temps de souffler après les neuf cents kilomètres de route, de boire un café, d'échanger quelques nouvelles, et Marc, ce garçon que j'ai vu naître, me dit que nous avons rendez-vous dans la montagne, à une quarantaine de kilomètres, avec mon grand ami Jeannot Lucchesi, que je considère comme mon frère. Rien n'aurait pu me faire plus plaisir. Depuis nos ennuis liés à la French Connection, nous ne nous sommes pas revus, même si nous avons été en contact téléphonique permanent.

Dans notre Datsun, nous suivons la Renault 5 de Marc. Sur le siège passager, dans sa voiture, j'ai aperçu un fusil à canon scié. Nous roulons jusqu'à une auberge, située près d'une maison de repos dans le village de La Roque-d'Anthéron. Les retrouvailles avec Lucchesi sont chaleureuses, le plaisir de se revoir sincère et partagé. Lui et moi sommes en cavale, ce qui donne un goût particulier à la rencontre. Nous nous installons dans la salle à manger, près d'un feu de cheminée. Autour de la table, ma femme, Marc, Dédé Milesi, un grand échalas marseillais, un bon soldat de l'armée de Tany, qui nous attendait avec Jeannot, et moi. Nous déjeunons d'excellentes côtes d'agneau grillées au feu de bois, entre autres bonnes choses que Jeannot a fait préparer. Le colosse aux cheveux bruns est toujours aussi impressionnant par la taille – il mesure plus d'un mètre quatre-vingt-cinq – mais il présente tous les signes extérieurs d'une très grande fatigue. Il a souffert de problèmes cardiaques toute sa vie, et il se sent au bout du rouleau. Il reste planqué dans cette auberge parce qu'il sait que Francis le Belge le cherche pour l'abattre depuis qu'il a réglé son compte à Bébert F. Tany n'est plus là et, visiblement, les affaires s'en ressentent : c'est dans le portefeuille que les munitions commencent à manquer. Quelques verres de bon vin ont fait leur effet, nous nous croyons un instant revenus au bon vieux temps, celui de nos débuts, avant les problèmes. L'humeur de Jeannot devient meilleure, et nous échangeons quelques plaisanteries qui détendent l'atmosphère. Je trouve tout de même Jeannot très stressé. Dans la cheminée, l'écorce d'une châtaigne a explosé, et nous avons tous sursauté, tellement ça ressemblait à un coup de calibre. Après, nous avons beaucoup ri.

Au moment du café, Jeannot se lève et demande à ma femme de bien vouloir l'excuser, parce que nous allons nous retirer tous les deux pour un tête-à-tête. *« Vous comprenez, nous nous sommes faits ensemble, et il y a des choses dont nous ne pouvons parler qu'en privé. »*

Dans une pièce attenante, où il avait fait préparer un coin éloigné de toute oreille indiscrète, nous nous sommes assis seuls, avec du café et des cigarettes. Nous avons parlé des circonstances de son arrestation avec Tany, deux ans auparavant, et de la mort étrange du Grand dans sa cellule des Baumettes, sur lesquelles nous avons beaucoup trouvé à dire, entre les quatre murs de cette vieille auberge.

Je propose à Jeannot de partir avec moi dans le Nord, où je pourrais le faire soigner, et où il ne manquera de rien.

Il refuse, parce qu'il a, me dit-il, une vieille histoire à mener à son terme, et qu'il ne se reposera qu'une fois satisfait. *« C'est pour cette raison que je t'ai fait venir, Pierrot. J'ai besoin de toi. Moi, je suis coincé ici. »* Je lui dis que je ferai tout mon possible pour l'aider mais, de toute façon, il l'a toujours su. L'affaire dont il me parle ensuite me glace le sang : *« La fille du Palais de la Méditerranée, à Nice, tu sais, la fille Le Roux, il me dit, c'est pas le nave, c'est nous. C'est moi qui suis monté à Nice pour les lui filer. Ça ne m'a pas plu, j'étais dégoûté, mais on m'a demandé de le faire, et je l'ai fait. »*

Il a continué à me donner des précisions, comme le fait qu'il n'était pas seul (mais il ne m'a pas dit le nom de l'autre, ou des autres, évidemment) et que la fille Le Roux n'a rien vu venir. *« Quand ç'a été fait, on l'a amenée aux Goudes*[1]*, et on a jeté le corps à la mer, avec toutes ses affaires. Pour la voiture, on l'a emmenée à Marseille. J'ai toujours été inquiet. Les petits cons à qui on l'a confiée, j'espère qu'ils l'ont bien menée où on leur a dit pour la faire écraser. Mais je n'en suis pas sûr, ils peuvent l'avoir mise sur un bateau pour la vendre en Afrique. On m'a dit qu'on avait vu le 4×4 circuler dans les environs de Marseille plusieurs jours après. Il faut vérifier, si tu veux bien. »*

1. Commune de bord de mer, au sud de Marseille, célèbre pour ses calanques sauvages.

Il était déjà arrivé des choses de ce genre avec des voitures de transport de drogue. Pour certains, il n'y a pas de petit profit.

Nous avons parlé d'homme à homme, nous nous connaissions bien. Il était seul, traqué, malade. Je sais qu'il ne m'a pas menti. Il voulait se décharger sur quelqu'un de ce qu'il considérait comme une sale histoire. Ce ne pouvait être que moi sur cette terre.

Il m'a ensuite demandé deux services. L'un facile, je le lui ai rendu, l'autre plus compliqué, et directement lié au contrat qu'il avait rempli à Nice. *« Je n'ai rien touché sur ce qu'on m'avait promis. Il y a eu ma cavale, la mort du Grand, le zonzon. Il y a eu de l'argent versé pour ce contrat, mais, aujourd'hui, je ne sais plus comment faire pour récupérer ce qu'on me doit. Je ne suis pas en bons termes avec Jeannot Tocci, et c'est lui qui a les clés du problème. Tu peux voir ça pour moi ? »*

Je l'ai trouvé très fatigué, et je lui ai proposé qu'on en reste là. De toute façon, Jeannot qui ne parlait jamais, en avait beaucoup dit. Il a rejeté une dernière proposition que je lui ai faite de me suivre. On s'est séparés, et je suis rentré aussi sec à Villeneuve-d'Asq, où nous sommes arrivés dans la nuit. Pas un instant, je n'ai douté de sa parole. Jeannot n'agissant que sur ordre, je n'ai pas bien compris à quoi et à qui cet assassinat avait bien pu servir. Mais ce n'était pas mon affaire.

J'ai pris le temps de demander à mon vieil ami Jean-Pierre Pilatto de m'accompagner pour me rendre avec lui dans le quartier de l'Huveaune, à Marseille, à l'adresse que Jeannot m'avait donnée pour le Range Rover. C'était un garage. J'ai reconnu l'endroit, et la personne à qui j'avais eu moi-même affaire plusieurs fois pour écraser des voitures de la French Connection. Il se souvenait très bien du Range Rover, et m'a confirmé que le nécessaire avait été fait, comme convenu avec Jeannot.

Ces confidences de Lucchesi, neuf ans après l'affaire, pourquoi ? Cela peut paraître incohérent. C'est que l'horloge des voyous n'est pas la vôtre. Certaines affaires mettent encore plus longtemps à se régler. Il y a des multitudes d'empêchements, pour se voir, se parler, faire bouger les choses : la prison, la cavale, qui vous éloignent, et font toujours remettre à plus tard. De plus, la mort de Tany Zampa a interrompu le cours normal de la vie de tous ceux qui travaillaient avec lui. D'autres ont pris sa place, comme Tocci, qui n'avaient ni les mêmes affinités, ni les mêmes engagements envers les hommes. Les passifs se sont creusés, les problèmes sont restés sans solution. Conscient d'être arrivé au bout de son chemin sans avoir soldé quelques créances, Lucchesi m'a fait signe, et m'a raconté. Parce qu'il y avait entre nous vingt ans d'amitié, et les souvenirs de nos débuts dans la carrière.

XXVI

AVEC TOCCI

C'est Jean-Pierre Pilatto qui m'a pris rendez-vous quelques semaines plus tard avec Jeannot Tocci, le demi-frère de Tany. On était début 1987, je pense, quand je suis redescendu, toujours avec ma femme au volant de la Datsun, jusqu'à Salon-de-Provence. Le contact devait avoir lieu dans un bar, devant la gare.

Je n'ai pas eu à chercher : Dédé Milesi est venu au-devant de moi. Ce même Dédé qui avait partagé notre repas avec Jeannot. J'ai été surpris, et j'ai pensé qu'il avait sans doute participé à l'opération de Nice, c'est-à-dire à faire disparaître la fille et la voiture. Il ne m'a rien dit. Mais c'est ce que j'ai ressenti, c'est que j'ai cru comprendre.

Nous sommes partis vers les Alpilles, vers une auberge cette fois encore, où Jeannot Tocci nous attendait... je ne l'ai pas reconnu tout de suite, tellement je l'ai trouvé changé. Il s'était fait faire pas mal de chirurgie esthétique sur le visage. Ma femme s'est éclipsée, nous laissant tous les trois seuls. Je lui ai dit de revenir vers dix-sept heures me chercher. Il faut toujours prendre des précautions dans notre monde.

J'ai vite compris que Tocci ne portait pas mon ami Lucchesi dans son cœur. Je lui ai fait valoir que j'avais débuté avec Tany, et que je savais ce que lui aurait payé. Jeannot avait été son plus proche et son dernier compagnon de galère. Il lui était dévoué. J'ai insisté sur le dénuement dans lequel se trouvait Christiane, la femme de Jeannot. Nous sommes restés presque trois heures ensemble, puis ma femme est venue me chercher. Jeannot Tocci m'a dit qu'il me téléphonerait à huit heures du soir, deux jours plus tard. Je lui ai donné un numéro d'une cabine téléphonique située près de chez moi, dans le Nord.

Il a tenu parole, le téléphone a sonné dans la cabine à l'heure dite. Il m'a dit qu'il avait réfléchi, et qu'il ne donnerait pas un sou à Jeannot Lucchesi. Il m'a offert de me payer un bouquet, une grosse enveloppe qui serait mise à ma disposition chez Dédé Gau, à Vincennes. Je lui ai dit que je regrettais sa décision, et que je refusais son cadeau. J'ai eu un réflexe d'orgueil stupide, genre « je ne mange pas de ce pain-là ». J'aurais dû accepter l'argent, et le donner à la femme de Jeannot.

Mes remords ont été d'autant plus grands que Jeannot s'est fait opérer du cœur le 5 janvier 1987 à Saint-Laurent-du-Var, et qu'il est mort le 11 février. J'avais suivi par les journaux l'enquête sur la disparition d'Agnès Le Roux, depuis quelques années. J'avais entendu parler du suspect, l'avocat Maurice Agnelet. Et j'avais vu que personne n'était allé en taule pour payer à la place de Jeannot. L'avocat avait même eu droit à un non-lieu en 1985. J'ai rangé cet épisode très particulier dans un coin de ma tête, avec toutes les affaires passées. Je n'ai plus eu de contacts avec Tocci. J'ai su comme tout le monde, beaucoup plus tard, en 1997, qu'il avait été tué avec sa femme à Istres.

Ce qui m'incite à penser que les flics en savent plus qu'ils ne le disent sur ce qui liait Jeannot Tocci et Jeannot Lucchesi, c'est que, immédiatement, après la mort de Tocci, ils sont allés chercher Christiane, la veuve de Lucchesi, à Istres. Ils l'ont emmenée sans ménagement à l'Évêché, à Marseille, pour l'interroger. Il la soupçonnait, elle, la pauvre femme, d'avoir fait tuer Tocci, ce qui est ridicule, pour venger son mari, dix ans après sa mort ! Mais ce qui signifie aussi qu'ils connaissaient le contentieux entre les deux hommes et, pourquoi pas, les causes de ce différend. De là, ils ont imaginé une vengeance. Donc, pour Agnès Le Roux, je ne suis pas loin de penser qu'ils ont su la vérité... C'est ma conviction. Certains flics ont su, et n'ont pas fait remonter l'information. D'autant plus que des rumeurs ont parcouru le Milieu, depuis ces événements. Je n'ai jamais cherché à les vérifier. On m'a dit par exemple que de l'argent avait été versé à Jeannot Tocci pour le contrat de Nice, mais pas la totalité. Le complément de la somme aurait été mis en dépôt chez quelqu'un qui l'aurait détourné, et l'aurait investi dans un établissement hôtelier, dans le Vaucluse. Il y a donc peut-être encore des gens qui sont au parfum de certains aspects de cette affaire.

Après avoir vu Tocci dans les Alpilles, je me suis dépêché de me replonger dans mes propres affaires : il me fallait faire bouillir la marmite. Préférant la langouste au steak haché, évidemment, j'ai toujours été obligé d'en trouver beaucoup, de l'oseille.

Le tissu relationnel que je m'étais fait dans la région lilloise grâce à mon mariage m'a offert l'opportunité que je cherchais de faire un gros coup d'argent. Sans haine, et sans arme, comme il était écrit sur le mur de la Société générale de Nice.

XXVII

DES PASSEPORTS ?

À Lille, on se demande encore où sont passés les deux mille passeports et les dizaines de milliers de cartes grises qui ont disparu pendant le premier trimestre 1987, entre leur départ de l'Imprimerie nationale de Douai, et leur destination, la préfecture de Rouen. Si quelques-uns de ces documents ont été retrouvés sur des individus en rupture de ban, la police n'a jamais pu mettre la main sur les auteurs de ce lucratif détournement, ni expliquer comment il a eu lieu. Près de vingt-quatre ans après, il fallait jusqu'alors se contenter de quelques fables embarrassées, diffusées par la police, et reproduites dans la presse, comme celle d'un braquage du camion de l'imprimerie avant son arrivée à la gare de chemin de fer… Parole de Gros Pierrot, on vous le dit aujourd'hui, il n'y a jamais eu de braquage !

On imagine les précautions prises pour le transport d'une marchandise aussi sensible, à l'Imprimerie nationale, à la Sernam, à la Sncf. Il faut donc, certainement, des informations confidentielles ou des complicités dans l'une des deux entreprises, voire dans les deux. À ce jour, elles ne sont pas apparues. Une enquête interne a-t-elle eu lieu pour pointer d'éventuelles responsabilités ? La chose fut vite talquée, pliée et rangée. Sur cette affaire, et les complicités dont il bénéficia, Pierrot garde encore quelques secrets, évidemment, bien qu'il y ait prescription…

Ironie de l'actualité, cette année-là, pour un seul et unique vrai-faux passeport, la presse nationale se déchaîne pendant des mois. Dans l'affaire de détournement de fonds publics de l'association Carrefour du développement, Yves Chalier, directeur de cabinet du ministre de la Coopération, Christian Nucci, s'enfuit à l'étranger grâce à un vrai passeport falsifié, fourni par les services de l'État. L'entourage de Charles Pasqua, ministre de l'Intérieur de la première cohabitation, est montré du doigt. Et Christian Nucci, convaincu d'avoir puisé d'énormes sommes à titre personnel dans la trésorerie de l'association généreusement subventionnée par l'État, ne sera jamais poursuivi.

Je vivais dans le Nord depuis l'été 1986, auprès de ma fiancée et de sa famille. Elle m'avait convaincu de venir vivre près de Lille, où je me suis installé sous une fausse identité : passeport, permis de conduire et *tutti quanti*, j'ai fait peau neuve sans aucune difficulté. Bienvenue chez les Ch'tis ! Je me suis occupé immédiatement de faire rentrer de la monnaie, d'autant que je me retrouvais à nouveau en position de chef de famille, avec la première fille de ma femme, et notre petite dernière – née le 28 juillet à Croix, près de Lille.

Deux filles à élever, un train de vie à tenir. Que de responsabilités… Comme pour mon premier mariage, je me retrouvais chez les bourges. Des gens respectés, tolérants, puisqu'ils m'avaient accepté en leur sein en connaissance de cause. Mais il me fallait assurer pour ne pas déchoir. De nombreux notables, des cadres décisionnaires, des personnalités, j'en rencontrais chaque jour dans l'entourage de ma belle-famille. J'ai très vite eu une proposition intéressante, en fait dès que j'ai obtenu mes faux papiers. *« Des passeports, si tu en veux, tu peux en avoir un lot de deux mille »*, m'a-t-on dit un jour.

Quelque temps après, pourvu d'une fausse carte d'identité portant un nom polonais, et spécialement préparée pour la circonstance, muni d'informations et d'instructions très précises, je suis parti en train-couchettes jusqu'en Avignon. Je me suis rendu le lendemain matin à un entrepôt de la Sernam, au Pontet, pour réclamer *« mon colis »*. Sur simple présentation de ma carte d'identité, l'employé est allé chercher le colis qui portait mon nom d'emprunt, et me l'a remis. C'était un très gros paquet, qui contenait vingt cartons scellés de cent passeports chacun, plus des cartons de cartes grises vierges, en liasses, par milliers.

La manip avait visiblement consisté en un simple changement de destinataire et d'adresse sur les étiquettes. Pas sorcier !

Un copain est venu me rejoindre avec une voiture break pour le transport du précieux chargement. Je l'ai mis en sécurité, et je suis remonté à Lille. J'ai emporté avec moi quelques échantillons pour prouver à mon associé que j'avais bien effectué la réception du colis comme prévu. Je suis redescendu dans la Datsun familiale, que conduisait mon épouse par mesure de prudence en cas de contrôle routier, et j'ai tout planqué à Saint-Pons-de-Thomières, dans le Haut-Languedoc.

Le garçon chez qui j'ai entreposé mon trésor me devait beaucoup. Je l'avais guidé dans la vie, aidé à la mort de son père, que j'avais en quelque sorte remplacé. Évidemment, j'avais toute confiance en lui. Par la suite, son comportement m'a donné tort.

On ne se marie pas à la mairie quand on est tricard, mais on peut continuer à vivre d'amour, de passeports et de cartes grises, et espérer que tout le reste s'arrangera un jour. C'est la philosophie de Pierrot quand il entreprend de reconstruire sa vie à Lille. On dirait que la chance veut à nouveau lui sourire : il a suffisamment de valeurs monnayables entre les mains. Pour son jeune couple, c'est l'assurance d'une existence confortable, sinon tranquille.

Il le comprend quand la police lui tombe dessus, au mois de mai 1987. Fin de la cavale ! Il ne reverra la jolie couleur rouge des couvertures de ses passeports qu'après huit mois de prison, l'instruction express du juge Valat, et sa remise en liberté provisoire, au mois de décembre, en attendant le procès pour braquage, et pour usage immodéré de faux papiers pendant des années…

Pour les braquages, j'ai évidemment tout nié, au grand désespoir de Valat, qui me demandait d'en reconnaître au moins un, sur la cinquantaine qui m'étaient imputés.

On supporte tout de même mieux la prison quand on sait que le pactole vous attend dehors, dans un village ensoleillé.

J'ai retrouvé ma liberté de mouvement – provisoire – pour les fêtes de fin d'année. Et définitivement, dans la vie civile, le nom et les prénoms que mes parents m'ont donnés, qui figurent enfin à nouveau sur mes papiers. À quelque chose malheur est bon. En revanche, je n'ai pas retrouvé tous les passeports chez l'ami à qui je les avais confiés. Il s'était largement servi, et en avait vendu un grand nombre pour son compte. Je n'étais pas en situation de répondre à cette trahison. J'ai passé outre. Mais je n'ai plus jamais adressé la parole à cet enfoiré.

J'ai endossé mon costume de VRP, et je me suis à vendre tout ce que j'avais récupéré, c'est-à-dire tout de même la plus grosse partie des documents. Tous les mecs en cavale ont vite eu le tuyau, et m'en ont acheté à prix d'or, sans discuter. Il s'en est vendu partout en France, par mes réseaux personnels, mais aussi par des intermédiaires, au Ghana, au Maroc, au Bénin, en Italie, en Israël. Le mouvement séparatiste basque ETA en a acheté plusieurs centaines. Fargette en a aussi écoulé des centaines.

En tout, j'ai gagné environ six cent mille euros, que j'ai réinvestis dans l'immobilier, puis perdus à cause de mon divorce. Décidément, gagner puis tout perdre, c'est l'histoire de ma vie. Porté par ce regain de réussite, et grâce à mon identité retrouvée, j'ai épousé légalement ma femme, la mère de ma troisième fille.

Je ne me plains pas, j'ai eu ma part de chance : quand est venu le moment de vérité, en 1990, et que j'ai été convoqué en tant que prévenu libre aux assises de Paris, j'ai été tout simplement acquitté pour les braquages que m'avait collés Valat. Pour les faux papiers, j'avais déjà purgé ma peine. Jean-Louis Pelletier, mon avocat, a sacrément bien travaillé !

XXVIII

VINGT-CINQ VALISES DE BILLETS

Le problème avec les voyous comme Pierrot Hernandez, c'est qu'ils ne savent pas se tenir peinards.

À peine sorti d'affaire, je m'acoquine sans tarder avec toute une bande de gens, pas tous fiables, dans une histoire de faux billets français, organisée entre la France et la Belgique. Je n'ai eu qu'un rôle passif dans l'opération, pour la fourniture du papier.

Vingt-cinq milliards en billets de cinq cents francs, ou vingt-cinq valises contenant un milliard chacune, en belles liasses de « Pascal » bien rangées, quel spectacle! On n'a pas vu d'affaire de fausse monnaie aussi importante depuis. Une montagne d'images pieuses! C'est monté à la tête de quelques-uns, qui ont commencé à en fourguer à la volée. Il y en a eu partout en France, dans les casinos, à Montreuil, chez les voyous de la banlieue Sud... Alors que, au départ, ils étaient destinés à l'Afrique noire, où certaines banques pouvaient les recycler.

Cette fois, comme en 1987, mon arrestation a été d'une extrême violence. Ils ont accosté ma femme qui était allée chercher notre fille à l'école, et ils lui ont mis le marché en main : vous rentrez chez vous, et vous laissez la porte ouverte, sinon on vous coffre pour complicité, lui auraient-ils dit. Quand ils sont entrés, ils m'ont plaqué au sol comme pour m'y enfoncer.

1994. À nouveau incarcéré, j'ai été opéré du cœur pour un triple pontage coronarien, et j'ai comparu pour ces faux billets avec cent soixante-dix autres inculpés. Tant de monde pour une affaire ratée quel pitoyable fiasco !

Au tribunal, j'ai pris huit ans. J'étais en taule en 1995, pour fêter mes soixante ans. Je suis sorti au bout de quatre ans, pour raison médicale, juste après la Coupe du monde de football 1998. J'étais sans doute l'un de ces Français qui ne se sentaient pas du tout champions du monde : ma femme avait demandé le divorce pendant mon hospitalisation pénitentiaire. À ma sortie, je me suis retrouvé dans la rue, physiquement affaibli, cru et nu, sans un centime. Du triomphe des Bleus, dans la situation où je me suis trouvé, je n'ai retenu que la chanson *I will survive* : « Je veux survivre. »

Retour à la case départ. Seul et sans ressource, je me suis réfugié sur le territoire de mon enfance. J'y ai trouvé des gens simples, dont la vie n'a jamais été facile, et qui m'ont aidé et accueilli sans me juger. Ils m'ont donné le sentiment d'avoir ce qui me manque le plus : une famille. C'est grâce à eux que je suis aujourd'hui capable de dire ce que j'ai sur le cœur. Je n'aurai plus jamais de nouvelle de Fargette, ma Savonnette : il a été abattu en mars 1993 en Italie, où il s'était mis au vert. Je n'ai revu Francis le Belge qu'une seule fois avant sa mort, à Paris. Je l'ai dit, nous avons passé un moment avec François Marcantoni, au bar du Méridien, porte Maillot. Francis pestait encore contre Jeannot Lucchesi, pour avoir tué son ami Bébert dans la guerre qui s'était déchaînée avec la bande à Zampa. Puis Francis m'a pris à part et m'a dit : *« Une ordure, c'était, ton Lucchesi ! J'aurais voulu me le faire ! Il est même allé jusqu'à les filer à la gonzesse de Nice ! »* Il était au courant de l'affaire Agnès Le Roux, et il me l'a ainsi fait savoir.

Nous avions prévu d'en reparler. Nous devions aussi nous revoir tous les trois avec Serge Leynaud, pour préparer un départ vers l'Afrique. Rien n'a finalement pu se faire, parce qu'ils sont morts tous les deux, rattrapés par les balles de leurs ennemis. Et Dédé Milesi, homme de main de Zampa, passé au service de Jeannot Tocci, s'est fait couper par une volée de balles, à Istres, au bas d'un immeuble. Les tueurs s'étaient déguisés en militaires. Dédé a peut-être emporté avec lui quelques informations sur ce qui s'est passé à Nice en 1977.

XXIX

MAUVAIS FEUILLETON

Dans sa cellule de la prison de Mauzac, en Dordogne, Maurice Agnelet en est à sa troisième année de détention. Il a soixante-treize ans. Il prépare une licence de philosophie, ne reçoit pas de visites, et se dit toujours innocent. Il a certainement suivi avec un intérêt tout particulier le procès du professeur de droit Jacques Viguier – un juriste, comme lui –, acquitté définitivement devant les assises du Tarn le 21 mars 2010 pour le meurtre de son épouse Suzanne, disparue le 27 février 2000. Ni cadavre, ni aveu, ni témoin, et aucun élément matériel, dans une affaire où l'existence même du crime n'est pas démontrée. À charge contre l'accusé le fait qu'il s'était débarrassé d'un matelas après la disparition de sa femme, et avait oublié de dire à la police qu'il avait retrouvé son sac à main. Par-dessus tout, c'est la personnalité de Jacques Viguier qui a pesé sur le procès : froid, coureur de femmes, arrogant… L'antiphatie qu'inspire l'accusé permet toutes les contructions intellectuelles dans le sens de sa culpabilité. Ce qu'Éric Dupond-Moretti, l'un de ses avocats, désignera par une formule : le concours Lépine de l'hypothèse, en expliquant aux jurés qu'il leur demande, non pas d'aimer Jacques Viguier, mais de l'acquitter parce qu'il n'y a tout simplement pas de preuve.

Les jurés l'ont entendu, et ont acquitté Jacques Viguier. Sur un dossier quasi identique, avec un suspect dont le profil psychologique s'est retrouvé, à la place des faits, au centre du débat, avec une démonstration tout aussi convaincante de François Saint-Pierre et Jean-Pierre Versini-Campinchi, les jurés d'Aix-en-Provence ont condamné Maurice Agnelet à vingt ans de prison. Ce dernier a dû se dire qu'il s'était trompé de département et de juridiction. Il n'attend plus aujourd'hui qu'un examen de son cas par la Cour européenne de justice. Les ratés du feuilleton interminable de l'enquête et des procédures, qui se sont succédées en trente ans, ont sans doute fini par décourager policiers et magistrats d'aller explorer d'autres pistes.

Pendant le procès de Nice, en 2006, des journalistes avaient évoqué la piste du Milieu, la trace de sa présence dans le monde des casinos niçois. Dans son ouvrage *Treize Mystères de la côte*[1], le journaliste Roger-Louis Bianchini mentionne « *un parfum de mafia* » dans l'anonymat absolu qui couvrait les premiers actionnaires du Ruhl : des parts en blanc payées avec de l'argent venu d'Italie, via la Suisse.

1. Bianchini Roger-Louis, *Treize mystères de la côte*, Fayard, 2005.

Un candidat à la reprise du casino Ruhl, André Ferrant, trente-trois ans, gérant d'une boîte de nuit, et héritier d'une grosse fortune familiale, est abattu un soir, en rentrant chez lui, le 9 octobre 1983. Il a immobilisé sa Rolls devant le portail de sa propriété du mont Vinaigrier, et descend de voiture pour aller l'ouvrir. Caché dans l'ombre, un homme l'abat au fusil de chasse. On arrête rapidement le jeune meurtrier, un voyou déjà connu des services de police, parce que un indic l'a donné immédiatement. Mais le mobile du meurtre – la jalousie –, étayé en apparence par la présence d'une amie du jeune meutrier dans la Rolls de Ferrant, « *ne convainc pas les initiés, qui restent persuadés*, commente Bianchini, *que la mort d'André Ferrant reste liée à ses prétentions malvenues à la reprise du Ruhl* ».

Ferrant, insinue Bianchini, avait reçu l'aval du ministère de l'Intérieur, mais pas celui de Fratoni. Comme tous ceux qui se sont trouvés dans cette posture, il aurait dû se retirer sans demander son reste.

Ce qu'il n'aurait pas fait.

Ferrant avait rencontré Noël Fratoni, le fils de Jean-Dominique, deux jours avant d'être descendu. C'était son copain d'enfance et son voisin sur le mont Vinaigrier. Noël, lui aussi, sera assassiné, quinze ans plus tard, à l'âge de cinquante ans. Des individus non identifiés l'attendaient le 23 octobre 1997, au moment où il garait son 4×4 dans son parking du parc Vigier, dans le quartier du port. L'enquête ne révéla rien d'anormal dans la vie de Noël, un garçon discret qui n'avait aucun des traits de caractère de son père. Pour quel motif l'a-t-on tué ? Jean-Dominique Fratoni était mort d'un cancer de la prostate quatre ans auparavant, début août 1994, à Lugano. Il n'avait pas remis les pieds à Nice depuis qu'il avait fui plusieurs condamnations pour fraude fiscale en s'installant en Suisse. On le vit à Saint-Domingue, au Paraguay, en Espagne, en Slovénie. Mais il rêva longtemps de revanche. La démission et la fuite de son ami d'enfance Jacques Médecin en Uruguay, en septembre 1990, ont sonné le glas des illusions de Fratoni. Le maire a cédé sous la pression des attaques et des enquêtes sur sa gestion. Le Napoléon des tapis verts a dû se résigner à mourir à Lugano, son rocher de Sainte-Hélène, qu'il avait cru un temps n'être qu'une île d'Elbe précédant son retour triomphal.

Renée Le Roux elle-même n'a-t-elle pas perdu son sang-froid, passant de sa haine de Fratoni à celle, tout aussi débridée, qu'elle voue à Agnelet ? Concernant l'avocat, elle se cantonne au dernier round à une équation simpliste : il a favorisé et piloté les accords entre Agnès et le patron du Ruhl, il a trompé tout le monde, il est donc le meurtrier. N'est-il pas humain, pour une mère, de vouloir apposer à tout prix un nom sur le meurtrier de sa fille ?

Elle avait pourtant ouvert d'autres voies dans son livre *Une femme face à la Mafia*[1] écrit avec son fils Jean-Charles, et publié en 1989. Relatant la mort de Bimbo Roche, abattu à proximité de l'appartement de sa fille, quelques mois avant qu'elle ne s'évapore, elle en dresse le portrait suivant : « *Bimbo est originaire de Marseille où il a fréquenté sur les bancs de l'école Gaëtan Zampa (…) Zampa veut succéder aux Guérini à la tête du Milieu marseillais. Comme eux aussi il s'intéresse à Nice et il décide de mettre en place une sorte de tête de pont dans laquelle Bimbo s'occupera des night-clubs et des jeux, Jacques Imbert dit le Matou ou encore le Mat, ancien directeur de l'écurie d'Alain Delon, des courses, et Gabriel Regazzi, de la drogue.* »

Elle fait ensuite le récit et l'analyse, à sa façon, d'événements comme la tentative d'assassinat contre Jacky Imbert, et la mort de Bimbo. Le patron de cercles de jeux parisien, Marcel Francisci, ou François Marcantoni, décédé le 17 août 2010 à l'âge de quatre-vingt-dix ans, pourraient être mêlés d'après elle à ces crimes. D'après des informations qu'elle tient d'une note de police de 1976, et dont nous faisons état un peu plus loin, elle évoque évidemment François Marcantoni dans son livre.

Au mois de juin 2010, le Commandant – l'un de ses surnoms dans le Milieu – s'est montré peu loquace, et amusé,

1. Le Roux Renée, *Une femme face à la Mafia*, Albin Michel, 1989.

lorsque je lui ai parlé du rôle qui lui est prêté dans le livre de Renée Le Roux, et dans la note des Stups. Je lui ai alors rappelé qu'il m'avait tout de même demandé à plusieurs reprises de lui organiser un contact avec Fratoni dans les années 1983 ou 1984, époque à laquelle il avait eu vent de mes contacts pour cause d'interview avec l'exilé. Fratoni s'était irrité de cette requête, me disant qu'il n'avait rien à faire avec « *ces gens-là* ».

– J'ai toujours discuté avec tout le monde, à Nice et à Marseille, continue François Marcantoni lors de notre dernière entrevue. Je savais tout ce qui se passait là-bas. À un moment, j'avais des choses importantes à dire à Fratoni. Quoi ? C'est si vieux, j'ai oublié.

– Et pour Agnès, avait-il eu des informations particulières au moment de sa disparition, ou depuis ?

– J'ai déjà répondu, je crois. Un petit verre de vin ?

Il ne m'en a pas dit plus. Il m'a demandé si je pouvais aller lui acheter une pizza boulevard Gouvion-Saint-Cyr, près de chez lui. Je la lui ai rapportée, il s'est mis à table en m'en proposant une part. Mais j'ai dû partir, et je ne l'ai plus revu jusqu'à son décès, quelques semaines plus tard.

Renée Le Roux n'a pas suivi jusqu'au bout l'intuition qui lui dictait dans son livre, en 1988, des phrases frisant le pressentiment. Peut-être l'a-t-on persuadée qu'elle était dans l'erreur ? Pas plus d'ailleurs que la piste de l'enlèvement et du meurtre d'Agnès par des truands n'a été beaucoup fouillée par la police ou la justice, alors que des indices existaient. Pourtant, Renée Le Roux écrit : « *Personne ne songe à demander à Yves Guérin (l'associé de Renée Le Roux) pourquoi il dînait avec Bimbo, deux jours avant sa mort, au restaurant des jeux du Palais !* ». Et plus loin, revenant sur l'environnement mafieux du Ruhl, cette synthèse prophétique : « *Pourtant, si Fratoni se retrouve au centre, ou au moins à la périphérie, d'un conflit entre truands, il peut être contraint de limiter ses ambitions sur Nice, et donc sur le Palais. La partie qui se joue s'annonce aussi serrée pour nous que pour lui.*

« *Agnès, dans quel guêpier as-tu plongé la main ?* »

La note de la section Stupéfiant dont Mme Le Roux avait eu la synthèse est édifiante si l'on considère sa conclusion prémonitoire. Elle a été plusieurs fois publiée depuis dans des ouvrages sur le Milieu.

Ce document daté du 25 juin 1976, émanant de la section Stupéfiants du Service régional de police de Marseille, annonce très clairement du rififi sur la Côte. La voici reproduite dans son intégralité, même si certaines composantes ont été depuis démenties, en particulier par l'acteur Alain Delon. Le policier auteur de la note y met en relief le rôle, entre autres, de François Marcantoni. On m'a expliqué que cette note est le fruit d'écoutes téléphoniques entre ce dernier et ses correspondants sur la Côte, des voyous réputés. Marcantoni venait de bénéficier, le 12 janvier, d'un non-lieu dans l'affaire de l'assassinat de Stefan Markovic. Il reprenait le business.

Un renseignement recueilli d'une source apparemment sûre fait état d'un différend sérieux qui oppose actuellement François Marcantoni à des membres du « milieu » niçois gravitant autour de Jean-Dominique Fratoni, « patron » des jeux du casino Ruhl à Nice.

On sait, en effet, que cet établissement de jeux, officiellement dirigé par Jean-Dominique Fratoni, est « tenu » en fait par des membres de la pègre niçoise et marseillaise dont le chef de file actuel semble être Jean-Pierre Roche, dit Bimbo, né le 20 octobre 1929 à Marseille, demeurant à Nice.

Les capitaux investis dans cette affaire apparemment fructueuse seraient, pour une part, d'origine italienne – alors que l'acteur Alain Delon, très lié avec Jean-Pierre Roche, y aurait également une participation financière importante.

Fratoni, Roche et Alain Delon sont donc associés. Tel est le contexte auquel vient se « frotter » François Marcantoni qui, depuis qu'il a obtenu un non-lieu [dans l'affaire Markovic], *presse l'acteur de lui accorder le dédommagement qu'il mérite.*

Il semble qu'Alain Delon s'en soit ouvert à ses nouveaux associés, aussi peu recommandables que le précédent. D'un côté il y a donc François Marcantoni, épaulé par Marius

Bertella et ses amis. De l'autre, Roche derrière lequel se trouvent Tany Zampa et sa bande.

Un rendez-vous aurait eu lieu à Paris dans un lieu indéterminé le 15 juin courant entre Roche, représentant les « intérêts » de Delon et, par contrecoup, les siens, et François Marcantoni, assisté de ses amis.

Ces derniers sont ulcérés de voir que l'acteur s'est plaint de Roche, dont ils réprouvent l'intervention. En fait, ils sont jaloux de l'emprise qu'exercent Roche et son entourage sur Alain Delon qu'il ne quitte plus, et avec lequel on le verrait souvent en public dans diverses manifestations publiques (galas, présentation de films).

Marius Bertella, quant à lui, donne raison à Marcantoni, estimant qu'il a « un prétexte » valable et que l'intervention de Roche ne peut rien arranger.

À la lumière de ces renseignements, de très bonne source, répétons-le, il paraît difficile de préjuger de la suite des événements.

Jean-Pierre Roche est épaulé par une bande dangereuse et François Marcantoni ne serait pas seul, encore moins si Marius Bertella prenait son parti.

Il n'est pas exclu, au cas où les conversations engagées ne donneraient rien, qu'elles soient remplacées par quelques règlements de comptes dont l'enjeu, au-delà d'Alain Delon, serait la prééminence sur les établissements de jeux niçois.

Le commissaire Charles Pellegrini classera purement et simplement l'affaire après avoir rencontré Alain Delon, et lui avoir posé la question de confiance, d'homme à homme. Il le raconte dans ses mémoires. Ayant lancé à Delon en préambule : « *On vous dit un homme de parole* » comme dans un polar, il reçoit de l'intéressé, à propos d'une éventuelle contribution dans les caisses du Ruhl, la réponse suivante : « *Je vous donne ma parole que non. Je n'ai jamais mis un centime dans cette affaire et ne suis mêlé ni de près ni de loin à tout ceci.* » Dont acte. Néanmoins séduit par l'atmosphère et le business du jeu, Delon devient actionnaire quelque temps plus tard du casino de Namur, en Belgique. Établissement géré par Youssef Khaïda, un gangster que connaît bien l'acteur, et par Vincent Bertella, fils de Marius Bertella, ancien patron du bar de Pigalle, Les Trois Canards. Derrière ces gérants de paille je profilait selon certains Gilbert Zemmour, le vrai patron, jusqu'à sa mort en 1983.

Le Milieu ne se paye pas de mots : si l'on se souvient que la note a été rédigée en juin 1976, on ne peut souligner l'exactitude presque prophétique – ne serait-ce qu'une série de coïncidences ? – des dernières lignes : Jacky Imbert est victime d'une tentative d'assassinat le 3 février 1977, Bimbo Roche est exécuté en juillet. Agnès Le Roux disparaît fin octobre-début novembre de la même année. Les confidences de Jeannot Lucchesi, un homme de Zampa, qui n'aurait, selon Pierrot, rien fait sans le feu vert de son patron, relient ces événements entre eux. Encore faudrait-il pouvoir en dégager le sens, surtout en ce qui concerne Agnès le Roux. Pour autant, d'ailleurs, que tout soit considéré comme rationnel dans les entreprises du Milieu, ce qui n'est pas le cas, et l'était encore moins dans cette période de folie meurtrière.

A-t-on voulu enlever la belle Agnès pour exercer une pression sur elle ou sur l'un des protagonistes de l'affaire ? Le rapt a-t-il mal tourné ? A-t-on voulu l'éliminer pour la punir d'avoir joué un double jeu, vendant à sa mère ses actions, puis à Fratoni ? Ou parce que l'on craignait qu'elle change à nouveau de camp ? Son assassinat est-il une torpille envoyée contre les intérêts de Fratoni, contre Agnelet, ou envoyée par eux, et contre qui ? Les bandes rivales lancées dans la conquête du Graal niçois se sont-elles livrées à cette exécution pour saboter l'affaire quand certaines se sont senties écartées ? Agnès elle-même, qui aimait flirter avec l'abîme, s'est-elle risquée à des relations avec des gens du Milieu ? En savait-elle trop aux yeux de quelqu'un, mais de qui ? A-t-on voulu récupérer le petit pactole – un million et demi d'euros tout de même – versé par Fratoni, qu'Agnès et Agnelet avaient déposé en Suisse ? Agnelet a-t-il tout dit ? Il ne faut pas trop chercher, vous diront quelques vieux de la vieille, parce que dans le Milieu, souvent, il n'y a rien à comprendre.

Quand j'ai, à plusieurs reprises, rencontré Fratoni au début des années 1980, il semblait réellement contrarié par la disparition d'Agnès, et le disait. Il semblait même intéressé par toute rumeur, il y en eut beaucoup, signalant la présence d'Agnès en Afrique, au Canada, ou ailleurs. Il paraissait sincère. L'était-il ?

Autant de questions qui n'annulent en rien une évidence toute simple, qu'enquêteurs et magistrats ont occultée : faire disparaître un corps et une voiture est une prestation de professionnel, requérant une technicité qui ne s'apprend pas facilement, et semble hors de portée d'un bibliophile collectionneur, passionné d'ouvrages rares et de littérature, dont les mains feuillettent plus facilement le papier bible des ouvrages de la Pléiade qu'elles ne découpent au chalumeau, et ne tirent au 357 Magnum. Donc, la vérité judiciaire sortie d'Aix-en-Provence n'aurait dû satisfaire personne. Dans la passion des débats, on s'est voilé la face. Et, pour ne pas se noyer dans la désespérante absence de preuves, on s'est raccroché à des brindilles. C'est que, au bout de trente ans, personne n'avait plus la force de nager.

Sauf ceux qui sont concernés par la chasse au trésor, et ne renonceraient pour rien au monde. La somme versée par Fratoni à Agnès en 1977, puis bloquée par la justice en novembre 1978 sur le compte de Maurice Agnelet dans la succursale de la Société de Banque Suisse de Vevey, a fructifié au point de s'élever aujourd'hui à environ trois millions d'euros. Renée Le Roux réclame cet argent devant la justice suisse, où elle s'oppose aux revendications de Maurice Agnelet, et de la succession Fratoni : ce dernier avait avant sa mort réparti la totalité des somme, au cas où il la récupérerait, en dons à des organismes humanitaires. Une procédure purement intéressée qui a peut-être parasité le débat sur la disparition d'Agnès.

XXX

LA DOUBLE CONFESSION

Les allégations de Jean-Pierre Hernandez, quel que soit l'accueil qui leur sera réservé, et les suites qui leur seront données, vont secouer des certitudes fragiles – des incertitudes, devrait-on écrire – auxquelles la justice a préféré s'arrêter par l'effet de la lassitude et la volonté de conclure. Même s'il ne propose ni preuves, ni démonstration (la justice en a-t-elle fourni ?) et doit être examiné avec précaution, le témoignage de Pierrot Hernandez est digne d'intérêt. Ne serait-ce, aux yeux des plus sceptiques, que pour réveiller les doutes qui planent toujours sur cette affaire. Entendra-t-on, après la publication de cet ouvrage, d'autres voix, d'autres informations ? Reste-t-il à la police, à la justice, un champ d'investigation, même après tant d'années ? Peut-être d'autres témoins ? Il sera de toute façon intéressant de revisiter ce dossier bâclé, et mal bouclé. Comme il est impossible de ne pas tenir compte des déclarations du vieux truand, il était impossible de ne pas les rendre publiques. Sa biographie et ses états de service, sa connaissance des personnes impliquées en font des éléments nouveaux.

Pour finir, il faut savoir que Jean-Pierre Hernandez s'est confié à moi après avoir raconté son histoire à une autre de ses connaissances, qui a eu la primeur de ses confidences.

Nous sommes au mois d'août 2009. Jean-Louis Pelletier, qui fut son avocat sur de nombreux dossiers, reçoit à la commanderie du port de Hyères un appel téléphonique de son ancien client. Celui-là même qui se présentait au bout du fil sous le pseudonyme de Jacques Durand pendant ses presque treize ans de cavale. Pierrot demande à le voir. L'avocat est sur son bateau, où il termine ses vacances d'été.

Il rappelle Pierrot, lui demande si c'est urgent. Les deux hommes prennent rendez-vous à Paris, dès le retour de Jean-Louis Pelletier à son cabinet. Début septembre, Pierrot monte dans sa Skoda et tire tout droit jusqu'au cabinet Pelletier, quai de Montebello, dans le quartier de la place Saint-Michel. Les deux hommes s'embrassent, ils se tutoient : ils se connaissent depuis trente-cinq ans. Pierrot raconte ses tourments depuis la condamnation d'Agnelet, deux ans auparavant presque jour pour jour. Et il rapporte les confidences de Jeannot Lucchesi.

> Je suis sorti soulagé. Je crois que j'ai pleuré comme une gonzesse : les nerfs. J'ai éprouvé la satisfaction d'avoir fait ce que je devais, et d'être enfin d'accord avec moi-même.

Je me suis dit que les choses étaient en ordre, y compris pour Jeannot Lucchesi, mon ami. Il n'était pas content de cette affaire de Nice, il s'en voulait et, en plus, il s'est fait faire marron… Alors je termine le boulot qu'il m'avait demandé, et je boucle la sale affaire. Je ne sais pas si Agnelet a une part de responsabilité dans cette histoire, parce que, après tout, je n'y étais pas. Ce que je sais, c'est qui a tué Agnès Le Roux.

Je me suis présenté tel que je suis. Ni pire, ni surtout meilleur. J'ai enfreint beaucoup de règles de morale, toutes les lois, j'ai certainement vécu comme un égoïste, certains diront comme un salaud. Heureusement pour moi, j'ai reçu des traits de caractère qui m'ont permis de rester, malgré tout, un être humain : je n'ai jamais été, je ne suis pas, et je ne serai par exemple jamais raciste. C'est naturel chez moi, je ne suis déterminé ni par la couleur de la peau, ni par l'origine, ni par la religion de quelqu'un. J'ai eu, et j'ai encore, des amis partout, dans toutes les communautés. Je suis capable de donner à ceux qui manquent de tout, parce que j'ai eu la chance de trouver cette générosité chez des gens qui possèdent à peine plus que ceux à qui ils viennent en aide. J'ai trouvé ce sens du partage chez mes voisins musulmans depuis que je suis retiré dans mon village, et j'en suis très heureux. Après tout, je me dis quelquefois qu'il aurait suffi que le goût de l'aventure, qui m'a jeté dans le

Milieu, prenne un autre visage, et j'aurais pu devenir quelqu'un d'autre. Je n'y crois pas trop, mais c'est toujours agréable à penser.

Je ne prétends pas que j'ai tout dit sur ma vie et sur mon passé, mais tout ce que j'ai dit est vrai. La vérité, rien que la vérité, mais pas toute la vérité. J'ai tous les défauts, mais je ne suis pas un menteur. Je suis un vieux catholique, et un vieux gangster. Le catholique dit toujours la vérité, le gangster ne dit rien. Le bon gangster a toujours conseillé au mauvais catholique de refuser la confession, sauf si les deux se mettent d'accord sur le choix du confesseur…

Jean-Pierre et le Gros Pierrot en sont finalement arrivés là. Ils se sont mutuellement délivrés de quelques-uns de leurs fantômes.

Pour mieux vivre avec eux, en les partageant avec d'autres ?

BIBLIOGRAPHIE

Aimé-Blanc Lucien, *L'Indic et le commissaire*, Plon, 2006.
Bianchini Roger-Louis, *Treize mystères de la côte*, Fayard, 2005.
Derogy Jacques, Pontaut Jean-Marie, *Enquête sur les « Affaires » d'un septennat*, Robert Laffont, 1981.
Giesbert, Franz-Olivier, *L'Immortel*, Flammarion, 2007.
Henry Michel, *Agnelet, L'homme que l'on n'aimait pas*, Odile Jacob, 2008.
Le Roux Renée, *Une femme face à la Mafia*, Albin Michel, 1989.
Marcantoni François, *La Conjuration*, Olivier Orban, 1976.
Méfret Jean-Pax, *Une sale affaire*, Pygmalion, 2006.
Pellegrini Charles, *Mémoires*, Anne Carrière, 1999.
Pierrat Jérôme, *Une histoire du Milieu*, Denoël, 2003.
Ploquin Frédéric, *Le Sang des caïds*, Fayard, 2009.
Tourancheau Patricia, *Les Postiches*, Fayard, 2004.
Violet Bernard, *Les Mystères Delon*, Flammarion, 2000.

REMERCIEMENTS

Je remercie ma mère Diane et mon frère Simon.

Merci à ceux qui m'ont accueilli dans leur famille : Aïcha, Momo Abina et ses enfants.

Aux deux personnes qui m'ont grandement poussé et aidé à écrire mes premiers brouillons pour ce livre, Aïcha et Bernard.

À ceux qui sont partis trop tôt : Diane, Yamina, Slimane.

À mes amis : Rolland, Hamid, Cyril, Loko, Kader, Marco, Pico, Manine et Laurie, Marc du PSG, Yannick et Nanou ; Hakim, Farid, Youssef, Hervé, Pat (Lecoq), Maïa et Nicola, André et Sylvie, José, Aurore et Saïd, Marius, Jean Louis, ma voisine Karine et à tous ceux qui ont pris le temps de lire le livre.

À mon cardiologue le Dr Estabaud, à ma libraire Virginie, ma pharmacienne Céline.

À Pascale, Karine, Céline, Safia, Leila, Jean, Michel, Thierry, Bernard, Mathieu, Pascal, Driss, Hassen.

À mon ami de toujours, Jean-Louis Pelletier.

Et, bien sûr, à François Mattei, mon ami pour toujours.

JEAN-PIERRE HERNANDEZ

TABLE DES MATIÈRES

Cet ouvrage a été composé et imprimé
en mars 2011 par

CPI
FIRMIN-DIDOT

27650 Mesnil-sur-l'Estrée
N° d'impression : 104891
Dépôt légal : février 2011
ISBN : 978-2-354-17122-3

Imprimé en France